매일 스스로 공부하는

맞춤법 어휘력

6단계
초등 5학년~
예비 중학생

꿈씨앗연구소 지음

BM (주)도서출판 성안당

독해력의 기본은 어휘력입니다

글을 읽고 뜻을 이해하는 능력을 '독해력'이라고 합니다. 독해력은 모든 학습에 있어 가장 중요한 능력입니다. 독해력을 키우기 위해서는 언어의 기본인 어휘력이 필요합니다. 이 책은 학년별로 알아야 할 필수 어휘들을 학습하고 활용할 수 있도록 구성되어 있어, 국어 실력뿐만 아니라 모든 학습 능력의 향상에 도움이 됩니다.

글쓰기의 기본은 올바른 맞춤법입니다

일기, 독후감과 같은 글쓰기뿐만 아니라 학교의 평가 방식이 주관식이나 서술형으로 바뀌면서 글쓰기가 더욱 중요해지고 있습니다. 내용이 아무리 좋아도 맞춤법과 띄어쓰기가 엉망이면 좋은 점수를 받기 어렵습니다. 좋은 글의 첫걸음은 올바른 맞춤법과 적절한 어휘 사용입니다.

스스로 하는 공부가 가장 효과적입니다

어떻게 하면 가장 효과적으로 공부할 수 있을까요? 그것은 바로 어린이들 스스로 재미있게 공부하는 것입니다. 이 교재는 교과서에서 뽑은 필수 어휘들과 자주 헷갈리는 맞춤법, 띄어쓰기, 국어 문법, 배경 지식 등을 쉽고 재미있게 학습하도록 구성되어 있습니다.

학년별로 교과 과정과 발달 수준에 맞게 각 단계가 구성되어 있지만, 아이의 수준에 맞는 단계부터 차근차근 학습하길 바랍니다.

꿈씨앗연구소

책은 많이 읽는 것보다 제대로 읽어야 합니다

최근 글을 읽고 이해하는 데 어려움을 겪는 아이들이 점점 늘고 있습니다. 글을 읽을 수 있다고 해서 내용까지 완벽하게 이해하는 것은 아닙니다. 아무리 많은 책을 읽더라도 제대로 읽지 않으면 아무 소용이 없습니다. 글을 제대로 읽는다는 것은 글을 글자로만 읽는 것이 아니라 머리로 이해하며 읽는 것을 의미합니다. 이러한 읽기 능력은 바로 어휘력에 따라 결정되므로 다양한 어휘를 익히는 것이 가장 중요합니다. 어휘력은 짧은 시간에 향상할 수 없으므로 초등학교 6년 동안 차근차근 실력을 쌓아야 합니다. 이 책에 있는 고유어, 원리 한자, 신문 어휘, 사자성어 등을 체계적으로 익힌다면 독해력과 어휘력이 향상되리라 기대합니다.

영선초등학교 교사 이현승

중학교 학습 능력을 좌우하는 어휘력

초등학교 때까지 학업 성적이 우수했던 학생도 중학교에서 성적이 떨어지는 경우가 많습니다. 교과목들의 어휘 수준이 높아지고 내용도 어려워져서, 독해력이 부족한 학생들은 어려움을 느낍니다. 독해력은 학업 성취도의 기본이자 핵심입니다. 읽어도 무슨 뜻인지 모른다면 공부하기 싫어지고 결국 학습 능력도 떨어지게 됩니다. 어휘력은 글을 이해하는 가장 중요한 핵심입니다. 얼마나 많은 어휘를 알고 있느냐에 따라 지식이 확장되고 독해력도 결정됩니다. 언어 능력은 단기간에 향상되는 것이 아니므로 매일 조금씩 실력을 쌓아야 합니다. 어려운 낱말은 한자 뜻과 함께 익히면 보다 쉽고 정확하게 이해할 수 있습니다. 또한 모르는 낱말이 있을 때마다 직접 사전에서 찾아보는 습관을 갖는 것이 중요합니다. 이 책이 예비 중학생들의 언어 능력을 키우는 훌륭한 조력자가 되길 바랍니다.

갈산중학교 국어 교사 김혜정

❶ 고유어로 풍부한 표현 익히기

유행하는 신조어를 배우려는 사람은 많지만, 정작 아름다운 우리말인 고유어는 점점 잊히고 있습니다. 이 책은 들은 적은 있지만 정확하게 알지 못했던 다양한 고유어를 배우고 실제로 활용하도록 구성되어 있습니다.

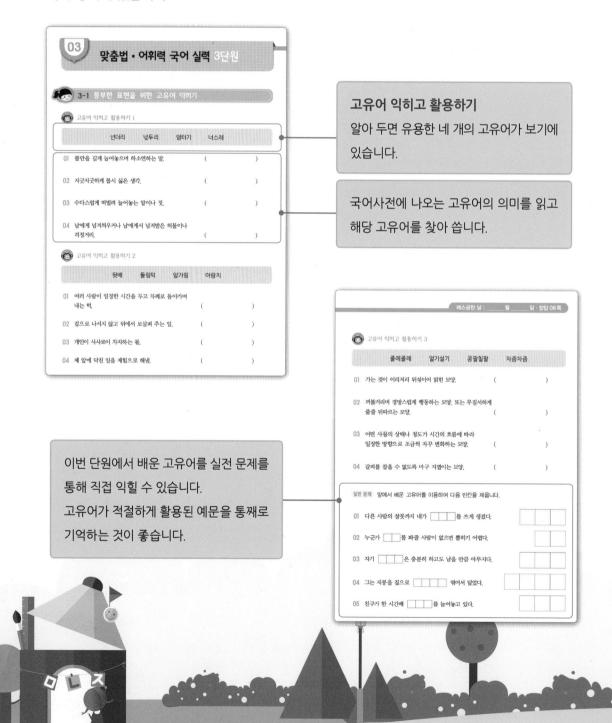

고유어 익히고 활용하기
알아 두면 유용한 네 개의 고유어가 보기에 있습니다.

국어사전에 나오는 고유어의 의미를 읽고 해당 고유어를 찾아 씁니다.

이번 단원에서 배운 고유어를 실전 문제를 통해 직접 익힐 수 있습니다.
고유어가 적절하게 활용된 예문을 통째로 기억하는 것이 좋습니다.

❷ 재미있는 낱말 퀴즈로 어휘력 키우기

학년이 올라갈수록 더 많은 어휘를 알아야 합니다. 비슷한 말과 반대말 선 긋기, 초성 퀴즈를 통해
재미있는 방법으로 어휘력을 확장할 수 있습니다. 아무리 어려운 낱말이라도 자주 접하다 보면
어느새 사용할 수 있게 됩니다.

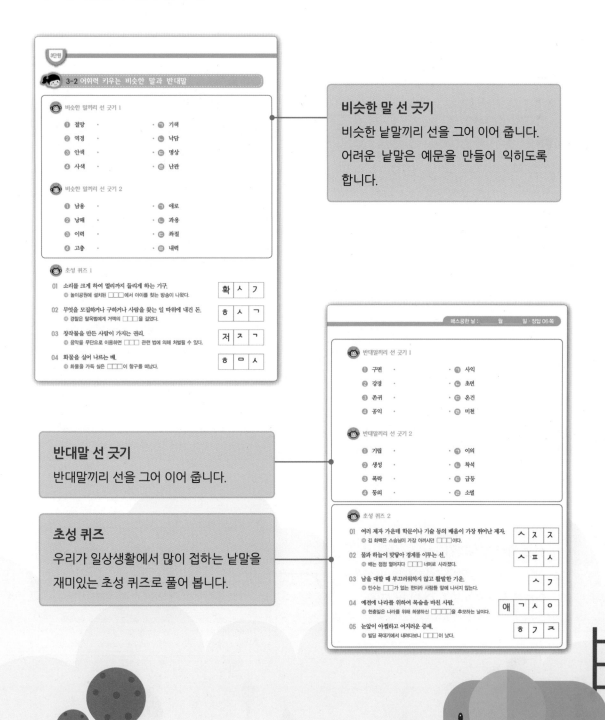

비슷한 말 선 긋기
비슷한 낱말끼리 선을 그어 이어 줍니다.
어려운 낱말은 예문을 만들어 익히도록
합니다.

반대말 선 긋기
반대말끼리 선을 그어 이어 줍니다.

초성 퀴즈
우리가 일상생활에서 많이 접하는 낱말을
재미있는 초성 퀴즈로 풀어 봅니다.

❸ 신문 어휘로 독해력 키우기

신문을 읽으면 어휘뿐만 아니라 지식의 폭도 넓어지므로 자주 신문을 읽도록 합니다. 신문 기사에서 많이 접할 수 있는 낱말들의 뜻과 실전 예문을 익힐 수 있습니다. 또한 신문 어휘의 한자까지 함께 배울 수 있습니다.

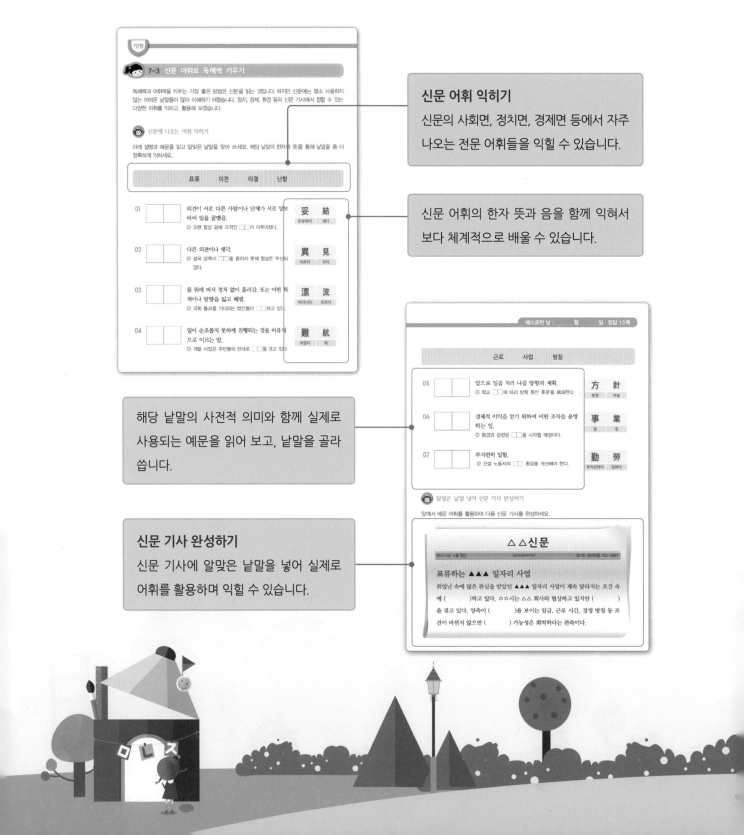

신문 어휘 익히기
신문의 사회면, 정치면, 경제면 등에서 자주 나오는 전문 어휘들을 익힐 수 있습니다.

신문 어휘의 한자 뜻과 음을 함께 익혀서 보다 체계적으로 배울 수 있습니다.

해당 낱말의 사전적 의미와 함께 실제로 사용되는 예문을 읽어 보고, 낱말을 골라 씁니다.

신문 기사 완성하기
신문 기사에 알맞은 낱말을 넣어 실제로 어휘를 활용하며 익힐 수 있습니다.

④ 쉽게 배우고 오래 기억하는 원리 한자

한자가 만들어진 원리에 기초하여 한자를 익히도록 구성하였습니다. 손으로 무조건 쓰면서 외우는 것보다 훨씬 재미있고 효과적으로 한자를 배울 수 있습니다.

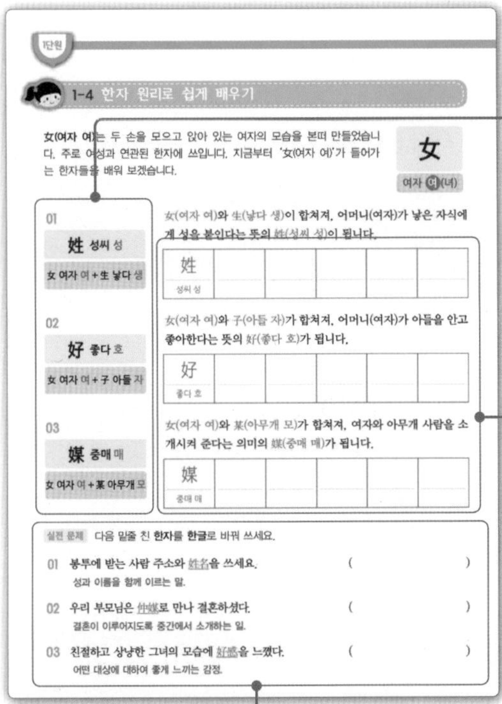

1단원

1-4 한자 원리로 쉽게 배우기

女(여자 여)는 두 손을 모으고 앉아 있는 여자의 모습을 본떠 만들었습니다. 주로 여성과 연관된 한자에 쓰입니다. 지금부터 '女(여자 여)'가 들어가는 한자들을 배워 보겠습니다.

女 여자 여(녀)

01 姓 성씨 성 — 女 여자 여 + 生 낳다 생

女(여자 여)와 生(낳다 생)이 합쳐져, 어머니(여자)가 낳은 자식에게 성을 붙인다는 뜻의 姓(성씨 성)이 됩니다.

姓 성씨 성

02 好 좋다 호 — 女 여자 여 + 子 아들 자

女(여자 여)와 子(아들 자)가 합쳐져, 어머니(여자)가 아들을 안고 좋아한다는 뜻의 好(좋다 호)가 됩니다.

好 좋다 호

03 媒 중매 매 — 女 여자 여 + 某 아무개 모

女(여자 여)와 某(아무개 모)가 합쳐져, 여자와 아무개 사람을 소개시켜 준다는 의미의 媒(중매 매)가 됩니다.

媒 중매 매

실전 문제 다음 밑줄 친 한자를 한글로 바꿔 쓰세요.

01 봉투에 받는 사람 주소와 姓名을 쓰세요. ( )
성과 이름을 함께 이르는 말.

02 우리 부모님은 仲媒로 만나 결혼하셨다. ( )
결혼이 이루어지도록 중간에서 소개하는 일.

03 친절하고 상냥한 그녀의 모습에 好感을 느꼈다. ( )
어떤 대상에 대하여 좋게 느끼는 감정.

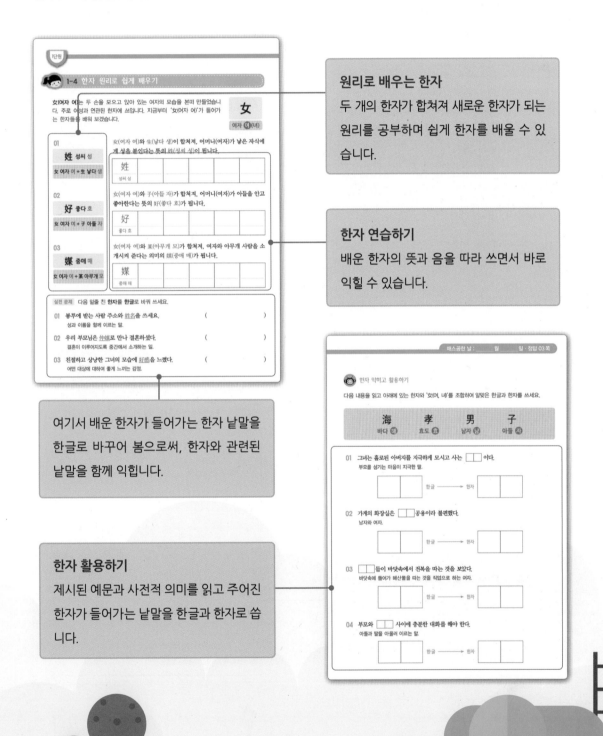

원리로 배우는 한자
두 개의 한자가 합쳐져 새로운 한자가 되는 원리를 공부하며 쉽게 한자를 배울 수 있습니다.

한자 연습하기
배운 한자의 뜻과 음을 따라 쓰면서 바로 익힐 수 있습니다.

여기서 배운 한자가 들어가는 한자 낱말을 한글로 바꾸어 봄으로써, 한자와 관련된 낱말을 함께 익힙니다.

한자 활용하기
제시된 예문과 사전적 의미를 읽고 주어진 한자가 들어가는 낱말을 한글과 한자로 씁니다.

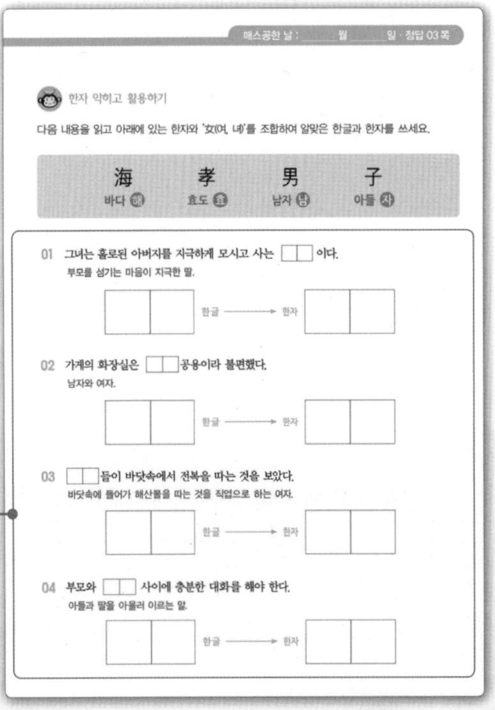

매스공한 날 : 월 일 · 정답 03쪽

한자 익히고 활용하기

다음 내용을 읽고 아래에 있는 한자와 '女(여, 녀)'를 조합하여 알맞은 한글과 한자를 쓰세요.

海 바다 해 | 孝 효도 효 | 男 남자 남 | 子 아들 자

01 그녀는 홀로된 아버지를 지극하게 모시고 사는 □□ 이다.
부모를 섬기는 마음이 지극한 딸.
한글 → 한자

02 가게의 화장실은 □□ 공용이라 불편했다.
남자와 여자.
한글 → 한자

03 □□ 들이 바닷속에서 전복을 따는 것을 보았다.
바닷속에 들어가 해산물을 따는 것을 직업으로 하는 여자.
한글 → 한자

04 부모와 □□ 사이에 충분한 대화를 해야 한다.
아들과 딸을 아울러 이르는 말.
한글 → 한자

❺ 사자성어 배우고 활용하기

사자성어에는 옛 선조들의 경험과 지혜가 담겨 있어 현재의 우리에게도 큰 깨달음을 줍니다. 가장 많이 사용하는 사자성어들을 소개하였습니다.

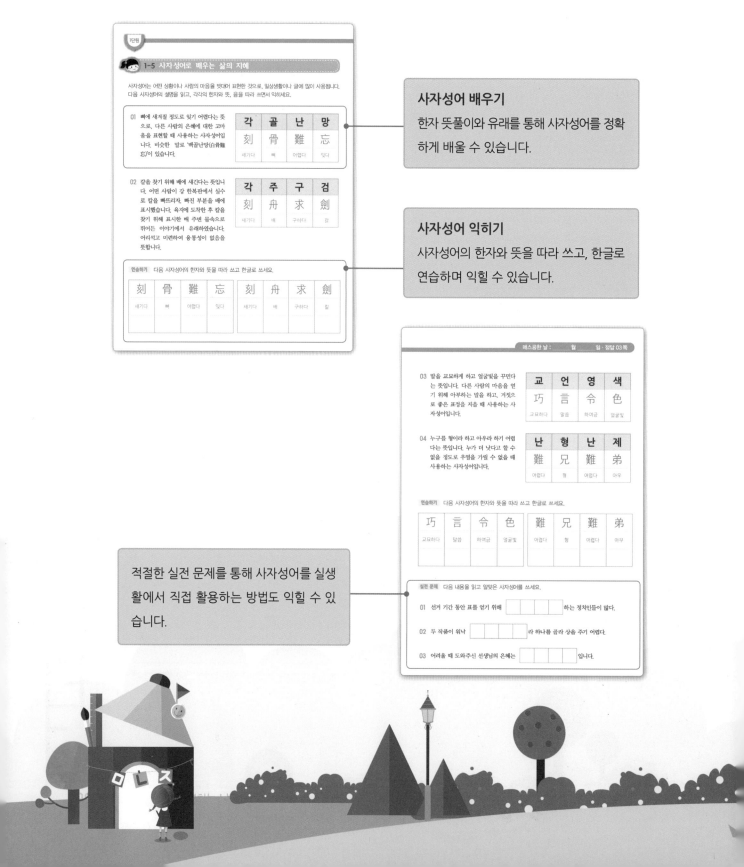

사자성어 배우기
한자 뜻풀이와 유래를 통해 사자성어를 정확하게 배울 수 있습니다.

사자성어 익히기
사자성어의 한자와 뜻을 따라 쓰고, 한글로 연습하며 익힐 수 있습니다.

적절한 실전 문제를 통해 사자성어를 실생활에서 직접 활용하는 방법도 익힐 수 있습니다.

❻ 국어 문법 쉽게 배우고 활용하기

초등 고학년과 중학생이 알아야 할 국어 문법을 쉽게 설명하고 있습니다. 올바른 글쓰기를 위해서 반드시 국어 문법을 배워야 합니다. 이 책에서는 어렵고 암기하는 것이 아니라 적절한 예제와 문제를 통해 보다 체계적으로 국어 문법을 배울 수 있습니다.

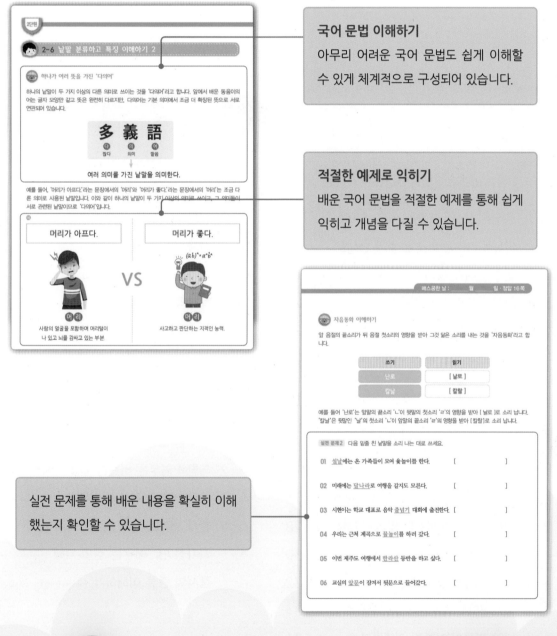

국어 문법 이해하기
아무리 어려운 국어 문법도 쉽게 이해할 수 있게 체계적으로 구성되어 있습니다.

적절한 예제로 익히기
배운 국어 문법을 적절한 예제를 통해 쉽게 익히고 개념을 다질 수 있습니다.

실전 문제를 통해 배운 내용을 확실히 이해했는지 확인할 수 있습니다.

목 차

별책 | 정답 및 해설

매스공으로 실력 키우는 방법

맞춤법 어휘력

이 책은 어린이 스스로 재미있게 공부하도록 구성되어 있습니다. 다음에 소개되는 방법을 참고하면 누구나 어휘 왕이 될 수 있습니다.

 ## 틀린 답을 완전한 내 것으로 만들기

이 책은 정답을 맞히기 위한 교재가 아니라, 내가 무엇을 알고 모르는지를 확인할 수 있는 교재입니다. 틀린 답은 자신이 몰랐던 것을 알려 주는 고마운 존재이므로 잘 모르거나 틀린 문제로 예문을 만들어 완전히 이해하고 넘어갑니다.

 ## 나만의 어휘 사전 만들기

책이나 글을 읽다가 모르는 낱말이 나오면 사전에서 의미를 찾습니다. 낱말로 만든 예문도 읽고, 비슷한 말과 반대말까지 읽는다면 보다 풍부하게 어휘를 확장하여 배울 수 있습니다.

 ## 배운 낱말과 표현은 꼭 사용해 보기

새로 알게 된 낱말이나 좋은 표현은 일기나 독서록 등과 같은 글을 쓸 때 꼭 써 봅니다. 아무리 어려운 어휘라도 몇 번 쓰다 보면 자연스럽게 쓸 수 있게 됩니다.

맞춤법·어휘력 국어 실력 1단원

1-1 풍부한 표현을 위한 고유어 익히기

 고유어 익히고 활용하기 1

무지렁이	뜨내기	고명딸	만무방

01 아들이 많은 집의 하나뿐인 딸.　　　　　　　　　(　　　　　　　　)

02 일정한 거처가 없이 떠돌아다니는 사람.　　　　　(　　　　　　　　)

03 예의와 염치가 없는 뻔뻔한 사람.　　　　　　　　(　　　　　　　　)

04 아무것도 모르는 어리석은 사람.　　　　　　　　(　　　　　　　　)

 고유어 익히고 활용하기 2

선머슴	말괄량이	외돌토리	살붙이

01 말이나 행동이 얌전하지 못하고 덜렁거리는 여자.　(　　　　　　)

02 차분하지 못하고 매우 거칠게 덜렁거리는 사내아이.　(　　　　　　)

03 부모나 자식, 형제 등과 같이 핏줄로 연결된 가까운 사람.(　　　　　　)

04 매인 데도 없고 의지할 데도 없는 홀몸.　　　　　(　　　　　　)

고유어 익히고 활용하기 3

어빡자빡	어리바리	어영부영	어살버살

01 정신이 없거나 기운이 빠져 몸을 제대로 가누지
못하는 모양. ( )

02 여럿이 서로 고르지 아니하게 포개 있거나 자빠져
있는 모양. ( )

03 이러니저러니 말이 많은 모양. ( )

04 뚜렷하거나 적극적인 의지가 없이 되는대로
행동하는 모양. ( )

실전 문제 앞에서 배운 고유어를 이용하여 다음 빈칸을 채웁니다.

01 방학 내내 아무것도 하지 않고 ▢▢▢▢ 시간을 보냈다. ▢▢▢▢

02 그녀는 아들만 있는 집에 ▢▢▢ 로 태어났다. ▢▢▢

03 그는 돌봐 주던 할머니마저 돌아가시자 ▢▢▢▢ 가
되었다. ▢▢▢▢

04 그들은 전국을 떠도는 ▢▢▢ 장사꾼이었다. ▢▢▢

05 그녀에게 아들은 하나밖에 없는 ▢▢▢ 였다. ▢▢▢

1-2 어휘력 키우는 비슷한 말과 반대말

비슷한 말끼리 선 긋기 1

① 찬연하다 •   • ㉠ 찬란하다

② 살갑다 •   • ㉡ 다정하다

③ 섬뜩하다 •   • ㉢ 더하다

④ 보태다 •   • ㉣ 무섭다

비슷한 말끼리 선 긋기 2

① 극진하다 •   • ㉠ 영글다

② 여물다 •   • ㉡ 조악하다

③ 조잡하다 •   • ㉢ 노련하다

④ 원숙하다 •   • ㉣ 융숭하다

초성 퀴즈 1

01 경기나 싸움 등에서 이기고 싶어 하는 마음.
예 그는 지나친 □□□으로 인해 실수를 연발했다.

ㅅ	ㅂ	ㅇ

02 폐지되거나 쇠퇴한 것이 다시 살아남.
예 십 년 만에 교복 착용 제도가 다시 □□하였다.

ㅂ	ㅎ

03 아무 근거 없이 널리 퍼진 소문.
예 사회가 혼란한 틈을 타 □□□□가 퍼지고 있다.

유	ㅇ	ㅂ	ㅇ

04 사람을 품에 안거나 사람끼리 껴안음.
예 오랜만에 만난 친구와 가벼운 □□을 했다.

ㅍ	ㅇ

반대말끼리 선 긋기 1

❶ 순행하다 ·　　　　　　· ㄱ 옹졸하다

❷ 신임하다 ·　　　　　　· ㄴ 역행하다

❸ 악화되다 ·　　　　　　· ㄷ 불신하다

❹ 대범하다 ·　　　　　　· ㄹ 호전되다

반대말끼리 선 긋기 2

❶ 성대한 ·　　　　　　· ㄱ 고답적

❷ 세속적 ·　　　　　　· ㄴ 곧잘

❸ 우호적 ·　　　　　　· ㄷ 적대적

❹ 이따금 ·　　　　　　· ㄹ 간소한

초성 퀴즈 2

01 몸에 배어 굳어 버린 말투.
　　예 그는 말끝마다 '그래서'를 붙이는 □□□이 있었다.
　　　　| ㅁ | ㅂ | ㄹ |

02 일이나 작품 따위가 아직 덜 이루어짐.
　　예 그는 아직 □□□된 그림을 남기고 떠나 버렸다.
　　　　| ㅁ | ㅇ | ㅅ |

03 법적으로 자격을 갖추고 피고나 원고를 변론하는 일을 하는 사람.
　　예 사법 시험에 합격하면 힘든 사람을 돕는 인권 □□□가 되고 싶다.
　　　　| ㅂ | ㅎ | ㅅ |

04 일이나 사건을 해결해 나갈 수 있는 시작이 되는 부분.
　　예 서로의 갈등을 해결할 □□□를 찾았다.
　　　　| 실 | ㅁ | ㄹ |

05 강한 태양의 직사광선을 오래 받아 일어나는 병.
　　예 무더위 속에 일하던 할아버지가 □□□으로 쓰러지셨다.
　　　　| ㅇ | ㅅ | ㅂ |

1-3 신문 어휘로 독해력 키우기

독해력과 어휘력을 키우는 가장 좋은 방법은 신문을 읽는 것입니다. 하지만 신문에는 평소 사용하지 않는 어려운 낱말들이 많아 이해하기 어렵습니다. 정치, 경제, 환경 등의 신문 기사에서 접할 수 있는 다양한 어휘를 익히고, 활용해 보겠습니다.

 신문에 나오는 어휘 익히기

아래 설명과 예문을 읽고 알맞은 낱말을 찾아 쓰세요. 해당 낱말의 한자와 뜻을 통해 낱말을 좀 더 정확하게 익히세요.

연루	논란	관건	수뇌부

01

어떤 조직이나 단체의 가장 중요한 지위에 있는 사람들.
예 각국을 대표하는 외교 □□□들은 특별석으로 안내되었다.

首 (머리) 腦 (골) 部 (거느리다)

02

여럿이 서로 다른 주장을 내며 다툼.
예 CCTV 설치를 두고 □□이 벌어졌다.

論 (논하다) 難 (어렵다)

03

남이 저지른 어떤 범죄에 연관됨.
예 그는 각종 비리에 □□되어 경찰에 체포되었다.

連 (잇닿다) 累 (여러)

04

어떤 사물이나 문제 해결의 가장 중요한 부분.
예 감독의 전략이 승패의 □□이 될 것이다.

關 (관계하다) 鍵 (열쇠)

| 남용 | 촉구 | 직권 |

05

국가 기관의 일을 하는 사람이 그 지위나
자격으로 할 수 있는 일.

예 시장의 □□으로 허가된 공사였다.

職 權
직분 권세

06

일정한 기준이나 규정을 넘어서 함부로
사용함.

예 지나친 약의 □□은 오히려 건강을 해친다.

濫 用
넘치다 쓰다

07

급하게 재촉하여 요구함.

예 진상 조사를 □□하는 단체가 늘어나고 있다.

促 求
재촉하다 구하다

알맞은 낱말 넣어 신문 기사 완성하기

앞에서 배운 어휘를 활용하여 다음 신문 기사를 완성하세요.

△△신문

20△△년 △월 창간   NEWSPAPER   경기도 꿈씨앗동 123-4567

공정성 문제에 휘말린 특별재판부 도입

특별재판부 도입 (   )의 핵심이 △△△△ 사건 재판의 공정성 우려에 있
었던 만큼 재판부로선 심적 부담을 안을 수밖에 없다. 전직 사법부 (   )
가 (   )된 사건이라 재판부가 재판 절차나 판단에서 공정성에 대한 의
심을 얼마나 해소할 수 있느냐가 (   )이다.

1-4 한자 원리로 쉽게 배우기

女(여자 여)는 두 손을 모으고 앉아 있는 여자의 모습을 본떠 만들었습니다. 주로 여성과 연관된 한자에 쓰입니다. 지금부터 '女(여자 여)'가 들어가는 한자들을 배워 보겠습니다.

女
여자 **여**(녀)

01

姓 성씨 성

女 여자 여 + **生** 낳다 생

女(여자 여)와 生(낳다 생)이 합쳐져, 어머니(여자)가 낳은 자식에게 성을 붙인다는 뜻의 姓(성씨 성)이 됩니다.

姓 성씨 성				

02

好 좋다 호

女 여자 여 + **子** 아들 자

女(여자 여)와 子(아들 자)가 합쳐져, 어머니(여자)가 아들을 안고 좋아한다는 뜻의 好(좋다 호)가 됩니다.

好 좋다 호				

03

媒 중매 매

女 여자 여 + **某** 아무개 모

女(여자 여)와 某(아무개 모)가 합쳐져, 여자와 아무개 사람을 소개시켜 준다는 의미의 媒(중매 매)가 됩니다.

媒 중매 매				

실전 문제 다음 밑줄 친 **한자**를 **한글**로 바꿔 쓰세요.

01 봉투에 받는 사람 주소와 <u>姓名</u>을 쓰세요.   (   )
성과 이름을 함께 이르는 말.

02 우리 부모님은 <u>仲媒</u>로 만나 결혼하셨다.   (   )
결혼이 이루어지도록 중간에서 소개하는 일.

03 친절하고 상냥한 그녀의 모습에 <u>好感</u>을 느꼈다.   (   )
어떤 대상에 대하여 좋게 느끼는 감정.

한자 익히고 활용하기

다음 내용을 읽고 아래에 있는 한자와 '女(여, 녀)'를 조합하여 알맞은 한글과 한자를 쓰세요.

海	孝	男	子
바다 해	효도 효	남자 남	아들 자

01 그녀는 홀로된 아버지를 지극하게 모시고 사는 ☐☐ 이다.
부모를 섬기는 마음이 지극한 딸.

☐☐ 　한글 ⟶ 한자　 ☐☐

02 가게의 화장실은 ☐☐공용이라 불편했다.
남자와 여자.

☐☐ 　한글 ⟶ 한자　 ☐☐

03 ☐☐ 들이 바닷속에서 전복을 따는 것을 보았다.
바닷속에 들어가 해산물을 따는 것을 직업으로 하는 여자.

☐☐ 　한글 ⟶ 한자　 ☐☐

04 부모와 ☐☐ 사이에 충분한 대화를 해야 한다.
아들과 딸을 아울러 이르는 말.

☐☐ 　한글 ⟶ 한자　 ☐☐

1-5 사자성어로 배우는 삶의 지혜

사자성어는 어떤 상황이나 사람의 마음을 빗대어 표현한 것으로, 일상생활이나 글에 많이 사용됩니다.
다음 사자성어의 설명을 읽고, 각각의 한자와 뜻, 음을 따라 쓰면서 익히세요.

01 뼈에 새겨질 정도로 잊기 어렵다는 뜻으로, 다른 사람의 은혜에 대한 고마움을 표현할 때 사용하는 사자성어입니다. 비슷한 말로 '백골난망(白骨難忘)'이 있습니다.

각	골	난	망
刻	骨	難	忘
새기다	뼈	어렵다	잊다

02 칼을 찾기 위해 배에 새긴다는 뜻입니다. 어떤 사람이 강 한복판에서 실수로 칼을 빠뜨리자, 빠진 부분을 배에 표시했습니다. 육지에 도착한 후 칼을 찾기 위해 표시한 배 주변 물속으로 뛰어든 이야기에서 유래하였습니다. 어리석고 미련하여 융통성이 없음을 뜻합니다.

각	주	구	검
刻	舟	求	劍
새기다	배	구하다	칼

연습하기 다음 사자성어의 한자와 뜻을 따라 쓰고 한글로 쓰세요.

刻	骨	難	忘
새기다	뼈	어렵다	잊다

刻	舟	求	劍
새기다	배	구하다	칼

03 말을 교묘하게 하고 얼굴빛을 꾸민다
는 뜻입니다. 다른 사람의 마음을 얻
기 위해 아부하는 말을 하고, 거짓으
로 좋은 표정을 지을 때 사용하는 사
자성어입니다.

교	언	영	색
巧	言	令	色
교묘하다	말씀	하여금	얼굴빛

04 누구를 형이라 하고 아우라 하기 어렵
다는 뜻입니다. 누가 더 낫다고 할 수
없을 정도로 우열을 가릴 수 없을 때
사용하는 사자성어입니다.

난	형	난	제
難	兄	難	弟
어렵다	형	어렵다	아우

연습하기 다음 사자성어의 한자와 뜻을 따라 쓰고 한글로 쓰세요.

巧	言	令	色
교묘하다	말씀	하여금	얼굴빛

難	兄	難	弟
어렵다	형	어렵다	아우

실전 문제 다음 내용을 읽고 알맞은 사자성어를 쓰세요.

01 선거 기간 동안 표를 얻기 위해  하는 정치인들이 많다.

02 두 작품이 워낙 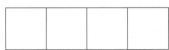 라 하나를 골라 상을 주기 어렵다.

03 어려울 때 도와주신 선생님의 은혜는  입니다.

1-6 낱말 분류하고 특징 이해하기 1

🐵 '상의어'와 '하의어' 이해하기

어떤 낱말이 다른 낱말을 포함하는 것을 상하 관계라고 합니다. 다른 낱말을 포함하는 낱말을 '상의어'라고 하고, 포함되는 낱말을 '하의어'라고 합니다.

예를 들어 포유류는 상의어이고, 사자, 기린, 여우는 포유류에 포함되는 하의어입니다.

실전 문제 아래에 있는 하의어들을 포함하는 상의어를 쓰세요.

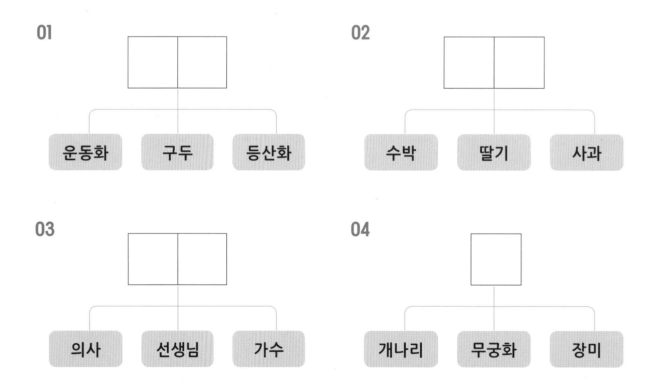

같은 소리지만 다른 뜻인 '동음이의어'

동음이의어(同音異義語)는 한자 뜻 그대로 '한가지 소리를 내지만 뜻은 다른 말'을 의미합니다.

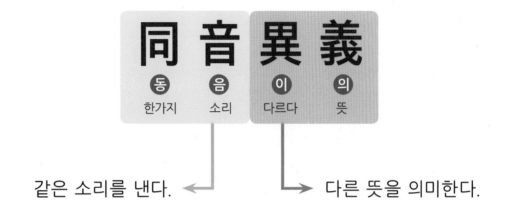

같은 소리를 낸다. ←   → 다른 뜻을 의미한다.

예를 들어, '배가 아프다.'라는 문장에서의 '배'와 '배를 탔다.'라는 문장에서의 '배'는 소리는 같지만 뜻은 다른 동음이의어입니다.

| 배가 아프다. | 배를 타다. |

VS

배 | 배

사람이나 동물의 몸에서
가슴과 다리 사이의 부위.

사람이나 물건을 싣고
물 위를 떠다니도록 만든 물건.

02 맞춤법 • 어휘력 국어 실력 2단원

2-1 풍부한 표현을 위한 고유어 익히기

고유어 익히고 활용하기 1

| 자리끼 | 품앗이 | 풋내기 | 천둥벌거숭이 |

01 힘든 일을 서로 거들어 주면서 품을 지고 갚는 일. ( )

02 철없이 두려운 줄 모르고 함부로 덤벙거리거나 날뛰는
사람을 비유적으로 이르는 말. ( )

03 밤에 자다가 마시기 위하여 잠자리의 머리맡에
준비하여 두는 물. ( )

04 경험이 없어서 일에 서투른 사람. ( )

고유어 익히고 활용하기 2

| 소꿉동무 | 슬기주머니 | 여리꾼 | 볼모 |

01 손님을 끌어들여 물건을 사게 하고 주인에게
돈을 받는 사람. ( )

02 약속을 지키려는 뜻으로 상대편에 잡혀 두는
사람이나 물건. ( )

03 어릴 때 같이 놀이하던 친구. ( )

04 남다른 재능을 지닌 사람을 비유적으로 이르는 말. ( )

고유어 익히고 활용하기 3

고시랑고시랑	그렁그렁	꾸물꾸물	어우렁더우렁

01 여러 사람과 어울려 들떠서 지내는 모양.　　　　(　　　　　　)

02 여러 사람이 자꾸 작은 소리로 말을 하는 모양.　　　　(　　　　　　)

03 눈에 눈물이 넘칠 듯이 그득 괸 모양.　　　　(　　　　　　)

04 매우 자꾸 느리게 움직이는 모양.　　　　(　　　　　　)

실전 문제 앞에서 배운 고유어를 이용하여 다음 빈칸을 채웁니다.

01 길 위로 지렁이가 ☐☐☐☐ 기어가고 있다.

02 그는 어릴 때 함께 놀던 ☐☐☐☐이다.

03 청나라에 ☐☐로 잡혀갔다 돌아온 왕자였다.

04 어머니는 주무시기 전에 머리맡에 ☐☐☐를 준비하신다.

05 농촌에는 바쁠 때 서로 돕는 ☐☐☐ 문화가 아직 남아 있다.

2-2 어휘력 키우는 비슷한 말과 반대말

비슷한 말끼리 선 긋기 1

① 관대하다 ·   · ㄱ 회피하다

② 모면하다 ·   · ㄴ 몽롱하다

③ 냉혹하다 ·   · ㄷ 관용하다

④ 묘연하다 ·   · ㄹ 혹독하다

비슷한 말끼리 선 긋기 2

① 급박 ·   · ㄱ 능력

② 기력 ·   · ㄴ 촉박

③ 기근 ·   · ㄷ 기아

④ 역량 ·   · ㄹ 원기

초성 퀴즈 1

01 자신의 억울한 사정을 알아 달라고 이야기하는 글.

예 회사의 부당함을 알리는 □□□을 써서 곳곳에 붙였다.

호	ㅅ	ㅁ

02 하루 동안에 기온, 기압, 습도 등이 바뀌는 차이.

예 3월은 □□□가 10도 넘게 나므로 감기를 조심해야 한다.

일	ㄱ	ㅊ

03 곡예나 연극을 하기 전 재미있는 말과 행동으로 웃기는 사람.

예 □□□□의 우스꽝스러운 몸짓에 사람들은 웃음을 터뜨렸다.

어	ㄹ	ㄱ	ㄷ

04 강이나 바다, 호수 따위의 물의 깊이.

예 그 강은 □□이 깊어 수영이 금지되어 있다.

ㅅ	ㅅ

반대말끼리 선 긋기 1

❶ 예산 •   • ㉠ 금지

❷ 울창 •   • ㉡ 결산

❸ 잇속 •   • ㉢ 손해

❹ 장려 •   • ㉣ 황폐

 반대말끼리 선 긋기 2

❶ 암흑 •   • ㉠ 전문

❷ 공금 •   • ㉡ 광명

❸ 환대 •   • ㉢ 사비

❹ 개요 •   • ㉣ 괄시

 초성 퀴즈 2

01 음을 제대로 인식하거나 소리 내지 못하는 사람.
예 나는 □□여서 사람들 앞에서 노래 부르는 것을 싫어한다.

ㅇ	ㅊ

02 가꾸지 않아도 저절로 나서 자라는 여러 가지 풀.
예 오랫동안 방치한 텃밭에는 □□가 무성했다.

ㅈ	ㅊ

03 대사를 중심으로 한 나라를 대표하여 다른 나라에서 외교 업무를 보는 기관.
예 미국으로 여행을 가려면 □□□에서 비자를 발급받아야 한다.

ㄷ	ㅅ	ㄱ

04 여러 가지 음식을 가리지 않고 먹음.
예 돼지는 이것저것 잘 먹는 □□ 동물이다.

ㅈ	ㅅ

05 사람이나 동식물이 살아 있는 기간.
예 의학의 발달로 인간의 평균 □□이 점점 늘고 있다.

ㅅ	ㅁ

2-3 신문 어휘로 독해력 키우기

독해력과 어휘력을 키우는 가장 좋은 방법은 신문을 읽는 것입니다. 하지만 신문에는 평소 사용하지 않는 어려운 낱말들이 많아 이해하기 어렵습니다. 정치, 경제, 환경 등의 신문 기사에서 접할 수 있는 다양한 어휘를 익히고, 활용해 보겠습니다.

 신문에 나오는 어휘 익히기

아래 설명과 예문을 읽고 알맞은 낱말을 찾아 쓰세요. 해당 낱말의 한자와 뜻을 통해 낱말을 좀 더 정확하게 익히세요.

| 여파 | 원유 | 유예 | 하향 |

01 ☐☐
땅속에서 뽑아낸, 정제하지 아니한 그대로의 기름.
> 예 수입 ☐☐의 가격 상승으로 물가가 큰 폭으로 상승하였다.

原 (근원)　油 (기름)

02 ☐☐
어떤 일이 끝난 뒤에 남아 미치는 영향.
> 예 긴 연휴의 ☐☐로 공부에 집중하기 어렵다.

餘 (남다)　波 (물결)

03 ☐☐
아래쪽으로 향함. 또는 힘이나 세력 등이 약해져 감.
> 예 고득점 학생의 ☐☐ 지원으로 중위권 대학의 경쟁이 치열하다.

下 (아래)　向 (향하다)

04 ☐☐
어떤 일을 실행하는 데 날짜나 시간을 미룸.
> 예 우리는 결정을 미루고 한 달간의 ☐☐ 기간을 갖기로 했다.

猶 (오히려)　豫 (미리)

| 폐쇄 | 채굴 | 매장 |

05 | | | 량 |

지하자원 따위가 땅속에 묻혀 있는 양.

例 이 광산의 석탄 ☐☐량은 약 3억 톤으로 예상된다.

埋	藏	量
묻다	감추다	헤아리다

06 | | |

땅을 파고 땅속에 묻혀 있는 광물 따위를 캐냄.

例 탄광이 무너질 수 있어 ☐☐ 작업이 금지되었다.

採	掘
캐다	파다

07 | | |

어떤 기관이나 시설 따위를 없애거나 그 기능을 정지시킴.

例 본사는 적자인 지점들의 ☐☐를 결정하였다.

閉	鎖
닫다	쇠사슬

 알맞은 낱말 넣어 신문 기사 완성하기

앞에서 배운 어휘를 활용하여 다음 신문 기사를 완성하세요.

△△신문

20△△년 △월 창간　　　　　　　NEWSPAPER　　　　　　경기도 꿈씨앗동 123-4567

국제 유가 급락으로 펀드 업계 울상

최근 국제 유가 급락의 (　　　　　)로 (　　　　　)에 투자하는 펀드 투자자들이 울상을 짓고 있다. 국제 유가 하락의 원인으로는 미국의 이란 제재 (　　　　　) 발표에 따른 공급 증가 기대감, 석유수출국기구(OPEC)의 내년 수요 예상치 (　　　　　) 조정, 미국의 원유 재고량 증가 등이 꼽힌다.

2-4 한자 원리로 쉽게 배우기

夕(저녁 석)은 이른 저녁 서쪽 하늘에서 잠깐 나타나는 초승달을 본떠 만든 한자입니다. 지금부터 '夕(저녁 석)'이 들어가는 한자들을 배워 보겠습니다.

夕
저녁 **석**

01

多 많다 다

夕 저녁 석 + 夕 저녁 석

두 개의 夕(저녁 석)이 합쳐져, 저녁과 저녁이 계속되어 시간이 흐를수록 많아진다는 의미의 多(많다 다)가 됩니다.

多 많다 다				

02

名 이름 명

夕 저녁 석 + 口 입 구

夕(저녁 석)과 口(입 구)가 합쳐져, 저녁이 되어 보이지 않아 입으로 이름을 부른다는 뜻의 名(이름 명)이 됩니다.

名 이름 명				

03

移 옮기다 이

禾 벼 화 + 多 많다 다

禾(벼 화)와 多(많다 다)가 합쳐져, 벼 싹이 많이 자라면 옮겨 심어야 한다는 뜻의 移(옮기다 이)가 됩니다.

移 옮기다 이				

실전 문제 다음 밑줄 친 **한자**를 **한글**로 바꿔 쓰세요.

01 좋은 글을 쓰려면 <u>多讀</u>하는 습관을 길러라.　　　　　　(　　　　　　)
　　 글이나 책을 많이 읽음.

02 우리 가족은 좀 더 넓은 집으로 <u>移徙</u>를 갈 예정이다.　　　(　　　　　　)
　　 사는 곳을 다른 곳으로 옮김.

03 크리스마스가 되면 <u>匿名</u>의 기부자가 쌀 백 가마를 보낸다.　(　　　　　　)
　　 자신의 이름을 숨김.

한자 익히고 활용하기

落 떨어지다 락(낙)
艹풀 초 + 氵물 수 + 各 각자 각

艹(풀 초), 氵(물 수), 各(각자 각) 등 세 개의 한자가 합쳐져, 풀에 맺힌 물방울이 각각 떨어진다는 의미의 落(떨어지다 락, 낙)이 됩니다.

落					
떨어지다 락(낙)					

다음 내용을 읽고 아래에 있는 한자와 '落(락, 낙)'을 조합하여 알맞은 한글과 한자를 쓰세요.

下	墜	脫
아래 **하**	떨어지다 **추**	벗다 **탈**

01 안전 교육을 통해 ☐☐ 사고를 예방하자.
높은 곳에서 떨어짐.

☐☐ 한글 ⟶ 한자 ☐☐

02 수도권 집값이 큰 폭으로 ☐☐하였다.
값이나 가치 따위가 낮은 상태로 떨어짐.

☐☐ 한글 ⟶ 한자 ☐☐

03 우승 후보였던 우리 팀의 예선 ☐☐은 충격이었다.
범위나 순위에 들지 못하고 떨어지거나 빠짐.

☐☐ 한글 ⟶ 한자 ☐☐

2-5 사자성어로 배우는 삶의 지혜

사자성어는 어떤 상황이나 사람의 마음을 빗대어 표현한 것으로, 일상생활이나 글에 많이 사용됩니다. 다음 사자성어의 설명을 읽고, 각각의 한자와 뜻, 음을 따라 쓰면서 익히세요.

01 말의 귀에 봄바람이 스쳐간다는 뜻으로, 남의 의견을 귀담아 들을 줄 모르고 관심 없이 흘려버리는 것을 의미하는 사자성어입니다.

마	이	동	풍
馬	耳	東	風
말	귀	동녘	바람

02 어미에게 되먹이는 까마귀의 효도를 말합니다. 어미 까마귀가 새끼에게 먹이를 주어 키우면, 다 자란 까마귀가 다시 어미에게 먹이를 물어다 주어 은혜를 갚는다는 이야기에서 유래했습니다. 어버이에 대한 지극한 효성을 표현할 때 사용하는 사자성어입니다.

반	포	지	효
反	哺	之	孝
돌이키다	먹이다	~의	효도

※之는 '가다'라는 뜻의 한자가 아니라, '~의'를 뜻하는 조사입니다.

연습하기 다음 사자성어의 한자와 뜻을 따라 쓰고 한글로 쓰세요.

馬	耳	東	風
말	귀	동녘	바람

反	哺	之	孝
돌이키다	먹이다	~의	효도

03 모든 일은 반드시 바른길로 돌아간다는 뜻입니다. 올바르지 못한 일은 일시적으로 잘되는 것처럼 보이지만 오래가지 못하고, 결국에는 바른길로 돌아가게 된다는 내용의 사자성어입니다.

사	필	귀	정
事	必	歸	正
일	반드시	돌아가다	바르다

04 초가집을 세 번 찾아간다는 뜻으로, 유비가 제갈공명의 마음을 얻기 위해 세 번이나 찾아간 이야기에서 유래하였습니다. 지위가 높은 사람이 인재를 얻기 위해 보이는 겸손한 태도와 정성을 의미하는 사자성어입니다.

삼	고	초	려
三	顧	草	廬
셋	돌아보다	풀	오두막집

연습하기 다음 사자성어의 한자와 뜻을 따라 쓰고 한글로 쓰세요.

事	必	歸	正
일	반드시	돌아가다	바르다

三	顧	草	廬
셋	돌아보다	풀	오두막집

실전 문제 다음 내용을 읽고 알맞은 사자성어를 쓰세요.

01 우리 팀을 위해  라도 해서 그 감독을 모셔 와야 한다.

02 그는 나의 모든 충고를  으로 흘려들었다.

03 부모님을  의 마음으로 모시는 것은 자식의 도리이다.

2-6 낱말 분류하고 특징 이해하기 2

🐑 하나가 여러 뜻을 가진 '다의어'

하나의 낱말이 두 가지 이상의 다른 의미로 쓰이는 것을 '다의어'라고 합니다. 앞에서 배운 동음이의어는 글자 모양만 같고 뜻은 완전히 다르지만, 다의어는 기본 의미에서 조금 더 확장된 뜻으로 서로 연관되어 있습니다.

여러 의미를 가진 낱말을 의미한다.

예를 들어, '머리가 아프다.'라는 문장에서의 '머리'와 '머리가 좋다.'라는 문장에서의 '머리'는 조금 다른 의미로 사용된 낱말입니다. 이와 같이 하나의 낱말이 두 가지 이상의 의미로 쓰이고, 그 의미들이 서로 관련된 낱말이므로 '다의어'입니다.

_예

| 머리가 아프다. | | 머리가 좋다. |

머리

사람의 얼굴을 포함하며 머리털이
나 있고 뇌를 감싸고 있는 부분.

VS

머리

사고하고 판단하는 지적인 능력.

실전 문제 다음 밑줄 친 두 낱말의 관계를 '동음이의어'와 '다의어' 중에서 고르세요.

01

- 갑자기 뛰었더니 <u>다리</u>에 쥐가 났다.
- 이제 <u>다리</u>만 건너면 우리 마을이다.

동음이의어　다의어

02

- 장갑을 끼지 않았더니 <u>손</u>이 텄다.
- 주인은 <u>손</u>이 커서 음식을 많이 준다.

동음이의어　다의어

03

- 그 사람은 <u>입</u>이 거칠었다.
- 그는 <u>입</u>을 삐죽 내밀었다.

동음이의어　다의어

04

- 캄캄한 <u>밤</u>이 되자 무서웠다.
- 잘 익은 <u>밤</u>을 주워 담았다.

동음이의어　다의어

05

- 머리가 하얗게 <u>세어</u> 버렸다.
- 남은 책이 몇 권인지 <u>세어</u> 보았다.

동음이의어　다의어

맞춤법 · 어휘력 국어 실력 3단원

 3-1 풍부한 표현을 위한 고유어 익히기

고유어 익히고 활용하기 1

넌더리	넋두리	덤터기	너스레

01 불만을 길게 늘어놓으며 하소연하는 말. (   )

02 지긋지긋하게 몹시 싫은 생각. (   )

03 수다스럽게 떠벌려 늘어놓는 말이나 짓. (   )

04 남에게 넘겨씌우거나 남에게서 넘겨받은 허물이나
걱정거리. (   )

고유어 익히고 활용하기 2

뒷배	돌림턱	앞가림	아람치

01 여러 사람이 일정한 시간을 두고 차례로 돌아가며
내는 턱. (   )

02 겉으로 나서지 않고 뒤에서 보살펴 주는 일. (   )

03 개인이 사사로이 차지하는 몫. (   )

04 제 앞에 닥친 일을 제힘으로 해냄. (   )

고유어 익히고 활용하기 3

줄레줄레	얼기설기	콩팥칠팔	차즘차즘

01 가는 것이 이리저리 뒤섞이어 얽힌 모양.　　　　　（　　　　　　　　）

02 꺼불거리며 경망스럽게 행동하는 모양. 또는 무질서하게
줄줄 뒤따르는 모양.　　　　　　　　　　　（　　　　　　　　）

03 어떤 사물의 상태나 정도가 시간의 흐름에 따라
일정한 방향으로 조금씩 자꾸 변화하는 모양.　（　　　　　　　　）

04 갈피를 잡을 수 없도록 마구 지껄이는 모양.　（　　　　　　　　）

실전 문제 앞에서 배운 고유어를 이용하여 다음 빈칸을 채웁니다.

01 다른 사람의 잘못까지 내가 ☐☐☐를 쓰게 생겼다.

02 누군가 ☐☐를 봐줄 사람이 없으면 뽑히기 어렵다.

03 자기 ☐☐☐은 충분히 하고도 남을 만큼 야무지다.

04 그는 지붕을 짚으로 ☐☐☐☐ 엮어서 덮었다.

05 친구가 한 시간째 ☐☐☐를 늘어놓고 있다.

3-2 어휘력 키우는 비슷한 말과 반대말

비슷한 말끼리 선 긋기 1

❶ 절망 ·

❷ 역경 ·

❸ 안색 ·

❹ 사색 ·

· ㉠ 기색

· ㉡ 낙담

· ㉢ 명상

· ㉣ 난관

비슷한 말끼리 선 긋기 2

❶ 남용 ·

❷ 낭패 ·

❸ 이력 ·

❹ 고충 ·

· ㉠ 애로

· ㉡ 과용

· ㉢ 좌절

· ㉣ 내력

초성 퀴즈 1

01 소리를 크게 하여 멀리까지 들리게 하는 기구.
　예 놀이공원에 설치된 □□□에서 아이를 찾는 방송이 나왔다.

확	ㅅ	ㄱ

02 무엇을 모집하거나 구하거나 사람을 찾는 일 따위에 내건 돈.
　예 경찰은 탈옥범에게 거액의 □□□을 걸었다.

ㅎ	ㅅ	ㄱ

03 창작물을 만든 사람이 가지는 권리.
　예 음악을 무단으로 이용하면 □□□ 관련 법에 의해 처벌될 수 있다.

저	ㅈ	ㄱ

04 화물을 실어 나르는 배.
　예 화물을 가득 실은 □□□이 항구를 떠났다.

ㅎ	ㅁ	ㅅ

반대말끼리 선 긋기 1

❶ 구면　　·　　·　㉠ 사익

❷ 강경　　·　　·　㉡ 초면

❸ 존귀　　·　　·　㉢ 온건

❹ 공익　　·　　·　㉣ 미천

 반대말끼리 선 긋기 2

❶ 기립　　·　　·　㉠ 이의

❷ 생성　　·　　·　㉡ 착석

❸ 폭락　　·　　·　㉢ 급등

❹ 동의　　·　　·　㉣ 소멸

 초성 퀴즈 2

01 여러 제자 가운데 학문이나 기술 등의 배움이 가장 뛰어난 제자.
예 김 화백은 스승님이 가장 아끼시던 □□□이다.

ㅅ	ㅈ	ㅈ

02 물과 하늘이 맞닿아 경계를 이루는 선.
예 배는 점점 멀어지다 □□□ 너머로 사라졌다.

ㅅ	ㅍ	ㅅ

03 남을 대할 때 부끄러워하지 않고 활발한 기운.
예 민수는 □□가 없는 편이라 사람들 앞에 나서지 않는다.

ㅅ	ㄱ

04 예전에 나라를 위하여 목숨을 바친 사람.
예 현충일은 나라를 위해 희생하신 □□□□을 추모하는 날이다.

애	ㄱ	ㅅ	ㅇ

05 눈앞이 아찔하고 어지러운 증세.
예 빌딩 꼭대기에서 내려다보니 □□□이 났다.

ㅎ	ㄱ	ㅈ

3-3 신문 어휘로 독해력 키우기

독해력과 어휘력을 키우는 가장 좋은 방법은 신문을 읽는 것입니다. 하지만 신문에는 평소 사용하지 않는 어려운 낱말들이 많아 이해하기 어렵습니다. 정치, 경제, 환경 등의 신문 기사에서 접할 수 있는 다양한 어휘를 익히고, 활용해 보겠습니다.

 신문에 나오는 어휘 익히기

아래 설명과 예문을 읽고 알맞은 낱말을 찾아 쓰세요. 해당 낱말의 한자와 뜻을 통해 낱말을 좀 더 정확하게 익히세요.

출제	변수	융합	난도

01 ☐☐

다른 종류의 것을 서로 섞거나 조화시켜 하나로 합함.
예 일정한 비율로 수소와 산소를 ☐☐하면 물이 된다.

融 녹다　合 합하다

02 ☐☐

시험을 보도록 문제를 냄.
예 이번에는 국어 시험이 어렵게 ☐☐되었다.

出 나가다　題 제목

03 ☐☐

어려움의 정도.
예 어린 선수지만 어려운 ☐☐의 체조 기술을 해 냈다.

難 어렵다　度 법도

04 ☐☐

어떤 일에 변화를 일으킬 수 있는 요인.
예 부모와의 관계가 아이의 성격 형성에 가장 큰 ☐☐이다.

變 변하다　數 셈

배점	검증	변별

05 | | |력

사물의 옳고 그름이나 좋고 나쁨을 가리는 능력.

예 이번 시험은 너무 쉬워서 □□력이 없었다.

辨	別	力
분별하다	나누다	힘

06 | |

각 문제나 과목에 대하여 점수를 정함.

예 영어 시험은 100점 만점으로 문제당 □□이 10점이다.

配	點
나누다	점

07 | |

검사하여 증명함.

예 소비자 기관에서 □□을 받은 안전한 제품입니다.

檢	證
검사하다	증거

알맞은 낱말 넣어 신문 기사 완성하기

앞에서 배운 어휘를 활용하여 다음 신문 기사를 완성하세요.

△△신문

20△△년 △월 창간   NEWSPAPER   경기도 꿈씨앗동 123-4567

수능 국어 점수가 합격을 가른다

최근 몇 년 동안 대학수학능력시험의 국어가 어렵게 (   )되는 경향을 보여 왔다. 특히 소설·시나리오가 함께 등장한 복합 지문과 과학·철학이 (   )된 지문의 경우 수험생들이 문제를 푸는 데 애를 먹었을 것이라는 분석이다. 이에 따라 국어 성적이 정시에서 핵심 (   )로 떠오를 가능성이 크다. 또 영어 영역도 지난해와 비슷하거나 약간 어렵게 출제됐고, 수학은 지난해 수능과 비슷한 (   )였다.

3-4 한자 원리로 쉽게 배우기

火(불 화)는 불이 타고 있는 모양을 본떠 만든 한자입니다. 화산이 불을 뿜는 모양이라고도 합니다. 지금부터 '火(불 화)'가 들어가는 한자들을 배워 보겠습니다.

火
불 화

01

炎 덥다 염

火 불 화 + 火 불 화

두 개의 火(불 화)가 합쳐져, 엄청 더워지는 것을 뜻하는 炎(덥다 염)이 됩니다.

炎 덥다 염				

02

災 재앙 재

巛 내 천 + 火 불 화

巛(내 천)와 火(불 화)가 합쳐져, 물과 불로 인해 일어나는 재앙을 뜻하는 災(재앙 재)가 됩니다.

災 재앙 재				

03

談 말씀 담

言 말씀 언 + 炎 덥다 염

言(말씀 언)과 炎(덥다 염)이 합쳐져, 말을 더울 정도로 열심히 하는 것을 뜻하는 談(말씀 담)이 됩니다.

談 말씀 담				

실전 문제 다음 밑줄 친 **한자**를 **한글**로 바꿔 쓰세요.

01 섭씨 40도를 넘는 <u>暴炎</u>이 연일 계속되었다. ( )
　　매우 심한 더위.

02 겨울철에는 <u>火災</u>가 발생하기 쉬우니 조심해야 한다. ( )
　　불로 인한 재난.

03 진로 상담을 위해 선생님께 <u>面談</u>을 신청했다. ( )
　　서로 만나서 이야기함.

한자 익히고 활용하기

다음 내용을 읽고 아래에 있는 한자와 '火(화)'를 조합하여 알맞은 한글과 한자를 쓰세요.

鎭	山	力	噴
진압하다 **진**	산 **산**	힘 **력**	뿜다 **분**

01 이번 [ ][ ] 폭발로 인근 지역이 연기와 화산재로 뒤덮였다.
땅속의 마그마와 암석, 가스 따위가 지상으로 뿜어져 나오는 현상.

[ ][ ] 한글 ⟶ 한자 [ ][ ]

02 강한 바람 때문에 산불 [ ][ ]에 어려움을 겪고 있다.
불이 난 것을 끔.

[ ][ ] 한글 ⟶ 한자 [ ][ ]

03 우리나라 백두산은 [ ][ ]를 멈춘 활화산이다.
불을 내뿜음.

[ ][ ] 한글 ⟶ 한자 [ ][ ]

04 난로에 [ ][ ]이 좋은 참나무를 넣자 금세 따뜻해졌다.
불이 탈 때 내는 열의 힘.

[ ][ ] 한글 ⟶ 한자 [ ][ ]

3-5 사자성어로 배우는 삶의 지혜

사자성어는 어떤 상황이나 사람의 마음을 빗대어 표현한 것으로, 일상생활이나 글에 많이 사용됩니다.
다음 사자성어의 설명을 읽고, 각각의 한자와 뜻, 음을 따라 쓰면서 익히세요.

01 앞일을 먼저 내다본다는 뜻으로, 어떤 일이 일어나기 전에 예측하고 철저하게 준비하는 지혜를 의미하는 사자성어입니다.

선	견	지	명
先	見	之	明
먼저	보다	~의	밝다

※之는 '가다'라는 뜻의 한자가 아니라, '~의'를 뜻하는 조사입니다.

02 물과 물고기가 친하게 지낸다는 뜻입니다. 물고기가 물을 떠나서는 잠시도 살 수 없는 것처럼, 서로 떨어져 지낼 수 없을 만큼 친밀한 관계를 비유한 사자성어입니다.

수	어	지	교
水	魚	之	交
물	물고기	~의	사귀다

연습하기 다음 사자성어의 한자와 뜻을 따라 쓰고 한글로 쓰세요.

先	見	之	明
먼저	보다	~의	밝다

水	魚	之	交
물	물고기	~의	사귀다

03 깊이 생각하고 오래 살핀다는 뜻의 사자성어입니다. 어떤 것을 결정하는 데 여러 가지를 따져 본 후 신중하게 결정하는 것을 의미합니다.

심	사	숙	고
深	思	熟	考
깊다	생각	익다	생각하다

04 어려운 싸움과 괴로운 다툼이라는 뜻입니다. 힘든 상대를 만나 어렵고 곤란한 상태에서, 죽을힘을 다해 노력하는 것을 의미하는 사자성어입니다.

악	전	고	투
惡	戰	苦	鬪
악하다	싸움	괴롭다	싸우다

연습하기 다음 사자성어의 한자와 뜻을 따라 쓰고 한글로 쓰세요.

深	思	熟	考
깊다	생각	익다	생각하다

惡	戰	苦	鬪
악하다	싸움	괴롭다	싸우다

실전 문제 다음 내용을 읽고 알맞은 사자성어를 쓰세요.

01 오랜 ☐☐☐☐ 끝에 선거에 출마하기로 했습니다.

02 그의 ☐☐☐☐ 덕분에 적의 침입을 대비할 수 있었다.

03 성을 지키려는 백성들은 ☐☐☐☐ 끝에 왜적을 물리쳤다.

3-6 낱말의 짜임 이해하기

나무, 바위, 솔방울 등과 같이 뜻을 지니고 홀로 쓰일 수 있는 말의 단위를 '낱말' 또는 '단어'라고 합니다. 지금부터 낱말의 짜임과 종류에 대해 배워 보겠습니다.

낱말을 구성하는 어근과 접사

낱말에는 '호박'과 같이 더 이상 나뉘지 않는 낱말도 있지만, '애호박'과 같이 '애'와 '호박'으로 나뉘는 낱말도 있습니다. '어린'이라는 뜻을 가진 '애'가 '호박'과 결합하여, '열린 지 얼마 안 되는 어린 호박'을 의미하는 '애호박'이라는 새로운 낱말이 됩니다.

'호박'과 같이 실질적인 뜻을 나타내는 부분은 '어근(語根)'이라고 하고, '애-'와 같이 어근에 붙어서 뜻을 더해 주는 것은 '접사'라고 합니다. 접사는 독립적으로 쓰이지 못하고 어근과 결합하여 뜻을 추가해 주는 역할을 합니다.

접사	어근	낱말
애 (뜻: 어린)	호박	**애호박** (열린 지 얼마 안 되는 어린 호박)
애 (뜻: 어린)	벌레	**애벌레** (알에서 나온 아직 어린 벌레)

실전 문제 1 다음 빈칸에 공통으로 들어갈 접사를 쓰세요.

01

☐ ☐ 사과 : 아직 덜 익은 사과.

☐ 고추 : 아직 익지 아니한 푸른 고추.

02

☐ ☐ 걸음 : 아무 보람 없이 가거나 오는 일.

☐ 수고 : 아무 보람도 없이 힘들고 애씀.

단일어와 복합어

나무, 가방, 우산과 같이 하나의 어근으로 이루어진 낱말을 '단일어'라고 합니다. 그리고 사과나무, 호두과자, 풋사과와 같이 두 개 이상의 낱말이 결합한 낱말은 '복합어'라고 합니다.

단일어	복합어
나무 가방 바위	떡국 (떡 + 국) 배나무 (배 + 나무) 풋사과 (풋 + 사과)

 합성어와 파생어

사과나무, 붕어빵, 책가방과 같이 두 개의 어근이 결합한 낱말을 '합성어'라고 합니다. 그리고 '풋사과, 햇과일'과 같이 어근에 뜻을 더해 주는 접사가 결합한 낱말은 '파생어'라고 합니다.

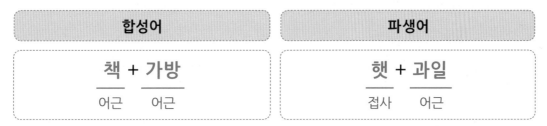

합성어	파생어
책 + 가방 어근 어근	햇 + 과일 접사 어근

실전 문제 2 다음 낱말을 두 개의 낱말로 나누고 '합성어'면 '합'에, '파생어'면 '파'에 ○표 하세요.

01 **밥그릇** = ⬜ + ⬜   합 파

02 **밤하늘** = ⬜ + ⬜   합 파

03 **맨바닥** = ⬜ + ⬜   합 파

04 **겨울철** = ⬜ + ⬜   합 파

05 **물통** = ⬜ + ⬜   합 파

맞춤법 · 어휘력 국어 실력 4단원

 4-1 풍부한 표현을 위한 고유어 익히기

 고유어 익히고 활용하기 1

입방아	뒷심	응어리	아귀다툼

01 어떤 일을 끝까지 견디어 내거나 끌고 나가는 힘. （　　　　）

02 각자 자기의 욕심을 채우고자 서로 헐뜯고 기를
쓰며 다투는 일. （　　　　）

03 어떤 사실을 화제로 삼아 이러쿵저러쿵 쓸데없이
입을 놀리는 일. （　　　　）

04 가슴속에 쌓여 있는 한이나 불만 따위의 감정. （　　　　）

 고유어 익히고 활용하기 2

댓바람	엄두	하소연	얼김

01 감히 무엇을 하려는 마음을 먹음. （　　　　）

02 어떤 일이 벌어지는 바람에 자기도 모르게
정신이 얼떨떨한 상태. （　　　　）

03 아주 이른 시간. （　　　　）

04 억울한 일이나 잘못된 일, 딱한 사정 따위를 말함. （　　　　）

고유어 익히고 활용하기 3

끄물끄물	고즈넉이	안다미로	시난고난

01 고요하고 아늑한 상태.   (　　　　　　)

02 날씨가 활짝 개지 않고 몹시 흐려지는 모양.   (　　　　　　)

03 병이 심하지는 않으면서 오래 앓는 모양.   (　　　　　　)

04 담은 것이 그릇에 넘치도록 많이.   (　　　　　　)

실전 문제 앞에서 배운 고유어를 이용하여 다음 빈칸을 채웁니다.

01 너무 배가 고파서 ⬜⬜⬜⬜ 담은 밥을 다 먹었다.   ⬜⬜⬜⬜

02 그는 힘든 자신의 상황에 대한 ⬜⬜⬜을 늘어놓았다.   ⬜⬜⬜

03 물이 너무 차가워 수영할 ⬜⬜가 나지 않았다.   ⬜⬜

04 그는 유별난 행동으로 사람들의 ⬜⬜⬜에 오르내렸다.   ⬜⬜⬜

05 나는 ⬜⬜이 부족해 어떤 일을 끝까지 한 적이 없다.   ⬜⬜

4-2 어휘력 키우는 비슷한 말과 반대말

 비슷한 말끼리 선 긋기 1

❶ 괄시 ・ ・ㄱ 노파심

❷ 노곤한 ・ ・ㄴ 속사정

❸ 내막 ・ ・ㄷ 푸대접

❹ 기우 ・ ・ㄹ 나른한

 비슷한 말끼리 선 긋기 2

❶ 답례 ・ ・ㄱ 문제점

❷ 다반사 ・ ・ㄴ 사례

❸ 단행 ・ ・ㄷ 예삿일

❹ 논점 ・ ・ㄹ 감행

 초성 퀴즈 1

01 인간으로서 마땅히 해야 할 도리에 어긋나게 행동하는 사람.
예 부모에게 행패를 일삼는 □□□에게는 엄벌을 내려야 한다.

패	ㄹ	ㅇ

02 자기가 만든 곡.
예 이 노래는 가수가 꿈인 지은이가 만든 □□□이다.

ㅈ	ㅈ	ㄱ

03 솥에서 밥을 푼 뒤 물을 부어 끓인 물.
예 그 식당에서는 물 대신 가마솥에 끓인 □□을 준다.

ㅅ	ㄴ

04 공격을 받던 쪽이 공격에 맞서 거꾸로 공격하는 것.
예 수비만 하던 전반전과 달리, 후반전에서는 □□에 나섰다.

ㅇ	ㄱ

반대말끼리 선 긋기 1

❶ 답습 · · ㉠ 악필

❷ 서두 · · ㉡ 창조

❸ 혈연 · · ㉢ 지연

❹ 달필 · · ㉣ 결말

 반대말끼리 선 긋기 2

❶ 기억 · · ㉠ 단결

❷ 해임 · · ㉡ 망각

❸ 순환 · · ㉢ 임용

❹ 분열 · · ㉣ 정체

 초성 퀴즈 2

01 떡이나 쌀을 찌는 데 쓰이며, 바닥에 구멍이 여러 개 뚫려 있는 그릇.

예 할머니는 ☐☐에 보자기를 깔고 떡을 찌셨다.

ㅅ	ㄹ

02 멀리 바라볼 수 있도록 높은 곳에 만든 장소.

예 남산의 ☐☐☐에서 보는 서울의 야경은 아름다웠다.

ㅈ	ㅁ	ㄷ

03 기뻐서 크게 외치는 소리.

예 경기가 끝나자 관중은 승리의 ☐☐☐을 질렀다.

ㅎ	ㅎ	ㅅ

04 사건을 예방하기 위하여 여러 곳을 돌아다니며 사정을 살핌.

예 금고를 훔치려던 도둑이 ☐☐ 중이던 경찰에게 붙잡혔다.

ㅅ	ㅊ

05 물의 압력.

예 우리 집은 ☐☐이 약해 샤워할 때 물이 잘 안 나온다.

ㅅ	ㅇ

4-3 신문 어휘로 독해력 키우기

독해력과 어휘력을 키우는 가장 좋은 방법은 신문을 읽는 것입니다. 하지만 신문에는 평소 사용하지 않는 어려운 낱말들이 많아 이해하기 어렵습니다. 정치, 경제, 환경 등의 신문 기사에서 접할 수 있는 다양한 어휘를 익히고, 활용해 보겠습니다.

 신문에 나오는 어휘 익히기

아래 설명과 예문을 읽고 알맞은 낱말을 찾아 쓰세요. 해당 낱말의 한자와 뜻을 통해 낱말을 좀 더 정확하게 익히세요.

주목	제기	횡령	송치

01 ☐☐

의견이나 문제 따위를 논의의 대상으로 내어놓음.

예 왜곡된 보도를 비판하며 문제 ☐☐를 했다.

提 끌다　起 일어나다

02 ☐☐

관심을 가지고 주의 깊게 살핌.

예 신인 감독의 영화가 영화제에서 ☐☐을 받았다.

注 붓다　目 눈

03 ☐☐

수사 기관에서 다른 검찰청으로 피의자와 서류를 넘겨 보내는 일.

예 범인은 경찰에 연행된 지 일주일 만에 경찰에 ☐☐되었다.

送 보내다　致 이르다

04 ☐☐

공금이나 남의 재물을 불법으로 차지하여 가짐.

예 그녀는 회사 공금을 ☐☐하여 해고를 당했다.

橫 가로　領 거느리다

수사	의혹	혐의

05 ☐☐ 의심하여 수상히 여김.
⠀⠀⠀예 이 모 씨가 불법 자금을 받았다는 ☐☐이 제기되었다.

疑 惑
의심하다 미혹하다

06 ☐☐ 범죄를 저질렀을 가능성이 있다고 봄.
⠀⠀⠀예 운전자 김 모 씨는 뺑소니 ☐☐로 조사를 받고 있다.

嫌 疑
싫어하다 의심하다

07 ☐☐ 경찰이나 검찰이 범인을 잡기 위해 조사하는 것.
⠀⠀⠀예 경찰은 발견된 증거를 토대로 ☐☐에 나섰다.

搜 查
찾다 조사하다

 알맞은 낱말 넣어 신문 기사 완성하기

앞에서 배운 어휘를 활용하여 다음 신문 기사를 완성하세요.

△△신문

20△△년 △월 창간 ⠀⠀⠀⠀⠀⠀NEWSPAPER⠀⠀⠀⠀⠀⠀경기도 꿈씨앗동 123-4567

수많은 의혹의 △△△ 회장 기소

사이버 · 형사 합동수사팀은 정보통신망 이용촉진 및 정보보호 등에 관한 법률 위반, 폭행, 강요 등 혐의를 받는 △△△ 회장을 기소 의견으로 이날 오전 9시 ▲▲지청에 (⠀⠀⠀⠀⠀)할 예정이다. 확인된 폭행 혐의 외에 동물보호법 위반, 회삿돈 (⠀⠀⠀⠀) 등 △ 회장 앞으로 (⠀⠀⠀⠀⠀)된 수많은 의혹을 경찰이 얼마나 밝혔을지 (⠀⠀⠀⠀)된다.

4-4 한자 원리로 쉽게 배우기

田(밭 전)은 밭과 밭 사이의 논두렁길의 모습을 본떠 만든 한자입니다. 지금부터 '田(밭 전)'이 들어가는 한자들을 배워 보겠습니다.

田
밭 전

01

番 차례 번

采 분별하다 변+田 밭 전

采(분별하다 변)과 田(밭 전)이 합쳐져, 밭을 분별하기 위해 번호를 매긴다는 뜻의 番(차례 번)이 됩니다.

番 차례 번				

02

畓 논 답

水 물 수+田 밭 전

水(물 수)와 田(밭 전)이 합쳐져, 물이 있는 밭인 '논'을 의미하는 뜻의 畓(논 답)이 됩니다.

畓 논 답				

03

苗 모종 묘

艹 풀 초+田 밭 전

艹(풀 초)와 田(밭 전)이 합쳐져, 풀이 밭에 나기 시작하여 모종으로 자란다는 뜻의 苗(모종 묘)가 됩니다.

苗 모종 묘				

실전 문제 다음 밑줄 친 **한자**를 **한글**로 바꿔 쓰세요.

01 그는 고향의 <u>田畓</u>을 모두 팔아 버리고 도시로 떠났다. ( )
　　논과 밭을 아울러 이르는 말.

02 이번 주는 내가 급식 <u>當番</u>이다. ( )
　　어떤 일을 책임지고 돌보는 차례가 됨.

03 매년 식목일마다 우리는 산에 <u>苗木</u>을 심는다. ( )
　　옮겨 심는 어린나무.

한자 익히고 활용하기

다음 내용을 읽고 아래에 있는 두 개의 한자를 조합하여 알맞은 한글과 한자를 쓰세요.

時
때 시

昨
어제 작

立
서다 입

春
봄 춘

間
사이 간

年
해 년

01 이번에는 약속 ☐☐ 을 반드시 지켜야 한다.

어떤 일을 하도록 정해진 때. 또는 하루 중의 어느 한때.

☐☐   한글 ——→ 한자   ☐☐

02 ☐☐ 을 맞아 겨울옷을 넣고 봄옷을 꺼냈다.

일 년 중 봄이 시작한다는 날.

☐☐   한글 ——→ 한자   ☐☐

03 올여름은 ☐☐ 여름보다 훨씬 더 덥다.

올해의 바로 앞의 해.

☐☐   한글 ——→ 한자   ☐☐

4-5 사자성어로 배우는 삶의 지혜

사자성어는 어떤 상황이나 사람의 마음을 빗대어 표현한 것으로, 일상생활이나 글에 많이 사용됩니다.
다음 사자성어의 설명을 읽고, 각각의 한자와 뜻, 음을 따라 쓰면서 익히세요.

01 눈 아래에 사람이 없다는 뜻으로, 다른 사람을 함부로 대하거나 건방지게 행동하는 것을 말하는 사자성어입니다.

안	하	무	인
眼	下	無	人
눈	아래	없다	사람

02 자나 깨나 잊지 못한다는 뜻입니다. 어떤 근심이 있거나 누군가를 그리워하여 잠 못 드는 상황을 비유한 사자성어로, 주로 그리운 대상을 기다릴 때 사용합니다.

오	매	불	망
寤	寐	不	忘
잠을 깨다	자다	아니다	잊다

연습하기 다음 사자성어의 한자와 뜻을 따라 쓰고 한글로 쓰세요.

眼	下	無	人	寤	寐	不	忘
눈	아래	없다	사람	잠을 깨다	자다	아니다	잊다

03 까마귀가 모인 것 같은 무리를 뜻합니다. 까마귀들이 모여 있는 모습처럼 질서 없이 제각기 있는 많은 사람들을 표현하거나, 갑자기 모인 훈련이 안 된 군사들을 일컫는 사자성어입니다.

오	합	지	졸
烏	合	之	卒
까마귀	모으다	~의	마치다

04 용과 호랑이가 서로 싸운다는 뜻입니다. 실력이 막강한 두 강자가 승부를 겨루며 싸운다는 의미로, 실력이 비슷한 사람이나 국가가 서로 승패를 다툴 때 쓰는 표현입니다.

용	호	상	박
龍	虎	相	搏
용	범	서로	치다

연습하기 다음 사자성어의 한자와 뜻을 따라 쓰고 한글로 쓰세요.

烏	合	之	卒
까마귀	모으다	~의	마치다

龍	虎	相	搏
용	범	서로	치다

실전 문제 다음 내용을 읽고 알맞은 사자성어를 쓰세요.

01 결승전에서 만난 두 선수의 실력은 ⬚⬚⬚⬚ 이었다.

02 그 청년은 노인들에게까지도 ⬚⬚⬚⬚ 으로 행동했다.

03 그는 고향에 두고 온 가족을 ⬚⬚⬚⬚ 그리워했다.

4-6 품사의 종류 이해하기

하나의 문장을 구성하는 낱말들은 그 성격이 서로 다르기 때문에 공통된 특성에 따라 분류할 수 있습니다. 이렇게 공통된 특성을 가진 것끼리 분류해 놓은 것을 '품사'라고 합니다. 지금부터 대표적인 품사들에 대해 배워 보겠습니다.

사람이나 사물의 이름인 '명사'

'명사'는 사람이나 사물의 이름을 나타내는 낱말로, 여기서 '명'은 '名(이름 명)'을 의미합니다. 주로 문장에서 동작의 주체인 '주어'나 동작의 대상이 되는 '목적어'로 쓰입니다.

> # 동생이 선물을 받고 웃음을 지었다.
> 주어　　　목적어　　　　　목적어
> (명사)　　(명사)　　　　　(명사)

위의 문장에서 '동생, 선물, 웃음'은 모두 명사입니다. 이처럼 명사는 주로 문장에서 주어와 목적어로 사용되며 어떤 문장에서든 형태가 바뀌지 않습니다.

실전 문제 1 다음 문장에서 명사를 모두 찾아 ○표 하세요.

01 이 영화는 사랑과 우정에 관한 이야기다.

02 나와 가장 친한 친구는 이정희이다.

03 텔레비전을 켜기 위해 리모컨을 찾았다.

04 너무 웃음을 참았더니 눈물까지 나왔다.

05 이 선수는 대한민국의 자랑이다.

06 그의 연설이 끝나자 환호성이 터져 나왔다.

명사를 대신하는 '대명사'

'대명사'는 사람, 사물, 장소의 이름을 대신해서 나타내는 낱말을 말합니다. 앞에서 이미 나온 낱말을 되풀이하지 않고, 대명사를 이용하여 다음과 같이 나타낼 수 있습니다.

도서관에서 **과자**를 먹지 마세요.   **이곳**에서 **그것**을 먹지 마세요.

첫 번째 문장에서의 '도서관'을 대신하여 장소를 나타내는 대명사 '이곳'을 사용할 수 있습니다. '과자'를 대신하여 사물을 나타내는 대명사 '그것'을 사용할 수 있습니다.

 인칭 대명사와 지시 대명사

'이것, 저것, 그것'과 같이 사물이나 장소를 대신하는 것을 '지시 대명사'라고 합니다. 반면 사람을 나타내는 '나, 너, 우리' 등은 '인칭 대명사'라고 합니다.

지시 대명사	이것 저것 그것 여기 저기 거기 그곳
인칭 대명사	나 너 우리 저희 이분 그분 저분

실전 문제 2 다음의 대명사를 거리와 상황에 맞게 분류하세요.

그것   이분   여기   이것   그분   거기   저것   저분   저기

01 가리키는 대상이 말하는 사람과 가까이 있을 때 사용하는 대명사.

(,   ,   )

02 가리키는 대상이 듣는 사람과 가까이 있을 때 사용하는 대명사.

(,   ,   )

03 가리키는 대상이 말하는 사람과 듣는 사람 모두에게 멀리 있을 때 사용하는 대명사.

(,   ,   )

맞춤법 · 어휘력 국어 실력 5단원

 5-1 풍부한 표현을 위한 고유어 익히기

 고유어 익히고 활용하기 1

모르쇠	신명	무턱	몽니

01 흥겨운 신이나 멋.　　　　　　　　　　　　　　　　（　　　　　　　）

02 아는 것이나 모르는 것이나 다 모른다고 잡아떼는 것.　（　　　　　　　）

03 바라던 대우를 받지 못할 때 내는 심술.　　　　　　（　　　　　　　）

04 어떤 까닭이나 사정을 미루어 살핌이 없음.　　　　（　　　　　　　）

 고유어 익히고 활용하기 2

뒤웅박	동아줄	땔감	두레박

01 굵고 튼튼하게 꼰 줄.　　　　　　　　　　　　　　（　　　　　　　）

02 줄을 길게 달아 우물물을 퍼 올리는 데 쓰는 도구.　（　　　　　　　）

03 박을 쪼개지 않고 꼭지 근처에 구멍만 뚫어 속을
파낸 바가지.　　　　　　　　　　　　　　　　　（　　　　　　　）

04 불을 때는 데 쓰는 재료.　　　　　　　　　　　　（　　　　　　　）

고유어 익히고 활용하기 3

흰소리	군소리	밭은소리	단골소리

01 하지 아니하여도 좋을 쓸데없는 말. (   )

02 늘 정하여 놓고 하는 말이나 타령. (   )

03 어울리지 아니하거나 얄밉게 하는 소리. (   )

04 터무니없이 자랑으로 떠벌리거나 거들먹거리며
허풍을 떠는 말. (   )

실전 문제 앞에서 배운 고유어를 이용하여 다음 빈칸을 채웁니다.

01 현석이는 아무리 힘든 일도 ☐☐☐ 없이 했다.

02 우물에 ☐☐☐을 던져서 물을 퍼 올렸다.

03 그는 자신에게 불리한 질문에는 ☐☐☐로 나왔다.

04 줄다리기를 하기 위해 굵은 ☐☐☐을 준비했다.

05 동생은 자기 뜻대로 되지 않자 ☐☐를 부렸다.

5-2 어휘력 키우는 비슷한 말과 반대말

비슷한 말끼리 선 긋기 1

❶ 정평 ·   · ㉠ 출장

❷ 핀잔 ·   · ㉡ 평판

❸ 늘그막 ·   · ㉢ 꾸지람

❹ 파견 ·   · ㉣ 말년

비슷한 말끼리 선 긋기 2

❶ 담력 ·   · ㉠ 별안간

❷ 등한시 ·   · ㉡ 배짱

❸ 돌연 ·   · ㉢ 뜀박질

❹ 달음박질 ·   · ㉣ 소홀

초성 퀴즈 1

01 잔털이나 가시 따위를 뽑는 데 쓰는, 쇠로 만든 조그마한 기구.
⑩ 아버지의 흰머리를 □□□로 뽑아 드렸다.

ㅈ	ㅈ	ㄱ

02 기차나 전차 등이 마지막으로 도착하는 역.
⑩ 이제 한 시간 후면 □□□인 부산역에 도착한다.

종	ㅊ	ㅇ

03 어느 한 사람이나 한쪽만을 치우치게 사랑함.
⑩ 막내는 할머니의 □□를 받고 자라서 버릇이 없었다.

ㅍ	ㅇ

04 잡초를 없애는 약.
⑩ 텃밭에 잡초가 자라지 못하게 □□□를 뿌렸다.

제	ㅊ	ㅈ

반대말끼리 선 긋기 1

❶ 신뢰 · · ㄱ 호의

❷ 실토 · · ㄴ 불신

❸ 안도 · · ㄷ 은폐

❹ 악의 · · ㄹ 걱정

 반대말끼리 선 긋기 2

❶ 응고 · · ㄱ 전망

❷ 퇴비 · · ㄴ 융해

❸ 해답 · · ㄷ 금비

❹ 회고 · · ㄹ 의문

 초성 퀴즈 2

01 기둥 밑에 기초로 받쳐 놓은 돌.
　　⒠ 옛 집터에는 기둥을 받치던 □□□만 남아 있었다.

주	ㅊ	ㄷ

02 이미 사용하였거나 오래되어 낡은 물건.
　　⒠ 우리 냉장고는 남이 쓰던 □□□이지만 아직 쓸 만하다.

ㅈ	ㄱ	ㅍ

03 어떤 지방에서 특별하게 생산되는 물건.
　　⒠ 전라북도 장수의 □□□은 사과와 한우이다.

ㅌ	ㅅ	ㅁ

04 한꺼번에 겹쳐서 생긴 두 가지의 고생이나 어려움.
　　⒠ 우리는 배고픔과 추위의 □□□에 시달렸다.

이	ㅈ	ㄱ

05 자신의 생애와 활동을 직접 적은 기록.
　　⒠ 그녀는 자신의 일생을 회고하는 □□□을 쓰기로 마음먹었다.

ㅎ	ㄱ	ㄹ

5-3 신문 어휘로 독해력 키우기

독해력과 어휘력을 키우는 가장 좋은 방법은 신문을 읽는 것입니다. 하지만 신문에는 평소 사용하지 않는 어려운 낱말들이 많아 이해하기 어렵습니다. 정치, 경제, 환경 등의 신문 기사에서 접할 수 있는 다양한 어휘를 익히고, 활용해 보겠습니다.

 신문에 나오는 어휘 익히기

아래 설명과 예문을 읽고 알맞은 낱말을 찾아 쓰세요. 해당 낱말의 한자와 뜻을 통해 낱말을 좀 더 정확하게 익히세요.

가속화	완화	접경지	방안

01 ☐☐

긴장된 상태나 급박한 것을 느슨하게 함.
㉝ 삼림욕은 스트레스 ☐☐에 도움이 된다.

緩 和
느리다 온화하다

02 ☐☐

일을 처리하거나 해결하여 나갈 방법이나 계획.
㉝ 그 문제를 해결할 구체적인 ☐☐을 제시해라.

方 案
방향 책상

03 ☐☐☐

어떤 일이나 현상의 진행이 점점 더 빨라짐.
㉝ 출산율 감소로 고령화가 ☐☐☐되고 있다.

加 速 化
더하다 빠르다 되다

04 ☐☐☐

두 지역의 경계가 서로 맞닿는 곳.
㉝ 이곳은 두 나라의 ☐☐☐라 영토 분쟁이 자주 일어났다.

接 境 地
잇다 경계 땅

분계선	한계선	정찰

05

정보나 상황 등을 자세히 살펴서 알아냄.
예 경찰은 사건이 빈번한 장소로 □□을 나갔다.

偵	察
염탐하다	살피다

06

서로 나뉜 두 지역의 경계가 되는 선.
예 우리는 군사 □□□을 지키는 임무를 맡았다.

分	界	線
나누다	지경	줄

07

어떤 것이 실제로 일어나거나 영향을 미칠 수 있는 범위가 되는 선.
예 여기까지가 □□□이니 더 이상 넘으면 안 된다.

限	界	線
한정하다	지경	줄

 알맞은 낱말 넣어 신문 기사 완성하기

앞에서 배운 어휘를 활용하여 다음 신문 기사를 완성하세요.

△△신문

20△△년 △월 창간　　　　　NEWSPAPER　　　　　경기도 꿈씨앗동 123-4567

남북 비행금지구역 추가 설정 추진

국방부가 현재 육지의 군사분계선(MDL)을 기준으로 설정된 전투기, 정찰기 등 군 항공기 비행금지구역을 동·서해 북방한계선(NLL)과 한강 하구에도 추가로 설정하는 (　　　　　)을 추진한다. 만약 이 방안이 북한과 최종 합의된다면 남북 간 (　　　　　) 전역이 비행금지구역으로 설정되는 것이어서 군사적 긴장 (　　　)가 (　　　　)할 전망이다.

5-4 한자 원리로 쉽게 배우기

木(나무 목)은 나무의 가지와 뿌리의 모습을 본떠 만든 한자입니다. 나무와 관련된 글자에 들어갑니다. 지금부터 '木(나무 목)'이 들어가는 한자들을 배워 보겠습니다.

木
나무 **목**

01

本 근본 본

木 나무 목 + 一 한 일

木(나무 목)의 아래 뿌리 부분에 一(한 일)이 더해져, 사물이 생겨 나는 가장 근본인 뿌리를 의미하는 本(근본 본)이 됩니다.

本 근본 본				

02

林 수풀 림

木 나무 목 + 木 나무 목

두 개의 木(나무 목)이 합쳐져, 나무가 많은 숲을 의미하는 林(수풀 림)이 됩니다.

林 수풀 림				

03

果 열매 과

田 밭 전 + 木 나무 목

田(밭 전)과 木(나무 목)이 합쳐져, 밭에 나무를 심어 얻게 되는 열매를 의미하는 果(열매 과)가 됩니다.

果 열매 과				

실전 문제 다음 밑줄 친 **한자**를 **한글**로 바꿔 쓰세요.

01 아마존 密林은 세계를 숨 쉬게 하는 '지구의 허파'이다. (   )
큰 나무들이 빽빽하게 들어선 깊은 숲.

02 우리 팀은 이번 대회에서 엄청난 成果를 올렸다. (   )
어떤 일을 이루어 낸 결과.

03 그는 촌스러운 本名 대신 가명을 만들어 썼다. (   )
가명이나 별명이 아닌 본디 이름.

한자 익히고 활용하기

다음 내용을 읽고 아래에 있는 두 개의 한자를 조합하여 알맞은 한글과 한자를 쓰세요.

校
학교 교

器
그릇 기

學
배우다 학

樂
노래 악

息
쉬다 식

休
쉬다 휴

01 가야금은 대표적인 우리나라 전통 [ ][ ]이다.
음악을 연주하는 데 쓰이는 기구를 통틀어 이르는 말.

[ ][ ]　한글 ⟶ 한자　[ ][ ]

02 여덟 살이 되면 초등 [ ][ ]에 입학해야 한다.
일정한 교육 과정에 의하여 교사가 학생을 가르치는 기관.

[ ][ ]　한글 ⟶ 한자　[ ][ ]

03 한 수업이 끝날 때마다 십 분의 [ ][ ] 시간이 주어진다.
하던 일을 멈추고 잠깐 쉼.

[ ][ ]　한글 ⟶ 한자　[ ][ ]

5-5 사자성어로 배우는 삶의 지혜

사자성어는 어떤 상황이나 사람의 마음을 빗대어 표현한 것으로, 일상생활이나 글에 많이 사용됩니다. 다음 사자성어의 설명을 읽고, 각각의 한자와 뜻, 음을 따라 쓰면서 익히세요.

01 어리석은 사람이 산을 옮긴다는 뜻입니다. '우공'이라는 노인이 산을 옮기려 하자 사람들이 그를 비웃었지만, 결국 그의 노력으로 산을 옮길 수 있었다는 이야기에서 유래하였습니다. 한 가지 일을 끝까지 해 나가면 언젠가 목표를 이룰 수 있다는 뜻입니다.

우	공	이	산
愚	公	移	山
어리석다	공평하다	옮기다	산

02 단단한 것을 칼로 끊고, 다듬고, 갈아서 연마한다는 뜻으로, 학문을 닦고 덕을 수양하는 것을 의미합니다. 자신의 목표를 향해 끊임없이 노력하는 자세를 일컫는 사자성어입니다.

절	차	탁	마
切	磋	琢	磨
끊다	갈다	다듬다	갈다

연습하기 다음 사자성어의 한자와 뜻을 따라 쓰고 한글로 쓰세요.

愚	公	移	山
어리석다	공평하다	옮기다	산

切	磋	琢	磨
끊다	갈다	다듬다	갈다

03 지초와 난초의 사귐을 뜻합니다. 향기롭고 아름다운 꽃인 지초와 난초처럼 맑고 깨끗한 친구 사이를 비유하는 말입니다. 변하지 않는 두터운 우정을 나누는 친구 사이를 표현할 때 사용합니다.

지	란	지	교
芝	蘭	之	交
지초	난초	~의	사귀다

04 처음 품은 뜻을 하나로 꿴다는 뜻입니다. 어떤 일을 하기로 결심하면, 처음의 마음을 되새기며 끝까지 흐트러지지 않게 뚫고 나가는 것을 의미하는 사자성어입니다.

초	지	일	관
初	志	一	貫
처음	뜻	하나	꿰다

연습하기 다음 사자성어의 한자와 뜻을 따라 쓰고 한글로 쓰세요.

芝	蘭	之	交
지초	난초	~의	사귀다

初	志	一	貫
처음	뜻	하나	꿰다

실전 문제 다음 내용을 읽고 알맞은 사자성어를 쓰세요.

01 다음 대회까지  하여 실력을 길러야 한다.

02 친구와 영원히 함께할  를 꿈꾼다.

03 신념을 지키며  산다는 것은 어려운 일이다.

5-6 '수사'와 '조사' 이해하기

 수와 관련된 '양수사'와 '서수사'

사물의 수나 양, 순서를 나타내는 낱말을 '수사'라고 합니다. 수사는 '양수사'와 '서수사'로 구분됩니다. '하나, 둘, 셋'이나 '일, 이, 삼, 사, 오'와 같이 사물의 수나 양을 나타내는 것을 '양수사'라고 합니다. 그리고 '첫째, 둘째, 셋째'와 같이 어떤 순서를 나타내는 것을 '서수사'라고 합니다.

수사	양수사	하나, 둘, 셋, 넷, ······ 일, 이, 삼, 사, 오, 육, ······
	서수사	첫째, 둘째, 셋째, 넷째, ······

지금까지 배운 명사, 대명사, 수사와 같이 문장에 따라 형태가 바뀌지 않는 품사를 '체언'이라고 합니다. 체언은 體(몸 체)와 言(말씀 언)이 결합한 낱말로, 말 그대로 '문장에서 중심(몸)을 이루는 단어'를 뜻합니다. 명사, 대명사, 수사는 문장의 중심인 주어나 목적어로 쓰이는 체언입니다.

실전 문제 1 다음 수사를 양수사와 서수사로 분류하세요.

일곱째	이십	아홉째	열째
여덟	팔십	삼십오	열둘째

01 양수사

02 서수사

다른 문장 성분을 돕는 '조사'

'조사'는 助(돕다 조)와 詞(말씀 사)가 결합한 낱말로, 말 그대로 다른 말을 도와주는 역할을 합니다.

> # 강아지**가** 사료**를** 먹었다.
> 　　　조사　　　　조사

위의 문장에서 조사 '가'는 '강아지'라는 명사의 뒤에 붙어 '강아지가'가 주어 역할을 하도록 도와줍니다. 그리고 조사 '를'은 '사료'라는 명사 뒤에 붙어 '사료를'이 목적어 역할을 하도록 도와줍니다.

* 조사의 종류

격조사	앞의 말이 다른 말에 대하여 어떤 자격을 갖도록 만들어 주는 조사를 격조사라고 합니다. 예 동생이 사탕을 주었다.	을, 를, 이, 가, 의, 에게, 께 등
보조사	앞의 말에 붙어 어떤 특별한 뜻을 추가해 주는 조사를 보조사라고 합니다. 예 동생이 과자도 주었다. → '도'는 이미 어떤 것을 주고 추가로 더 주었다는 의미가 포함된 보조사입니다.	은, 는, 만, 도, 까지, 마저, 조차 등
접속 조사	두 낱말을 같은 자격으로 연결해 주는 조사를 접속 조사라고 합니다. 예 사탕과 과자를 주었다.	와, 과, 랑, 하고 등

실전 문제 2 빈칸에 알맞은 조사를 골라 쓰세요.

> 과　　와　　는　　에는　　마저　　부터

01 우진이는 상자_____ 색종이로 카메라를 만들었다.

02 모범생인 준석이____ 숙제를 하지 않았다.

03 주말_____ 친구들과 스케이트장에 갈 계획이다.

04 머리____ 발끝까지 한껏 멋을 부렸다.

6-1 풍부한 표현을 위한 고유어 익히기

 고유어 익히고 활용하기 1

마수없이	개코쥐코	엄벙덤벙	웅게웅게

01 쓸데없는 이야기로 이러쿵저러쿵하는 모양.　　　　　(　　　　　　　　)

02 갑자기 또는 난데없이.　　　　　(　　　　　　　　)

03 조금 큰 것들이 무질서하게 많이 모여 있는 모양.　　　　　(　　　　　　　　)

04 너무 들떠서 함부로 행동하는 모양.　　　　　(　　　　　　　　)

 고유어 익히고 활용하기 2

희나리	가납사니	마중물	길라잡이

01 쓸데없는 말을 지껄이기 좋아하는 수다스러운 사람.　　　　　(　　　　　　　　)

02 채 마르지 아니한 장작.　　　　　(　　　　　　　　)

03 길을 안내해 주는 사람.　　　　　(　　　　　　　　)

04 펌프질을 할 때 물을 끌어 올리기 위하여 붓는 물.　　　　　(　　　　　　　　)

고유어 익히고 활용하기 3

북데기	성에	비설거지	불티

01 기온이 낮을 때 유리나 벽 등에 수증기가 허옇게
얼어붙은 것.　　　　　　　　　　　　　　　（　　　　　　　　　）

02 짚이나 풀 따위가 함부로 뒤섞여서 엉클어진 뭉텅이.　（　　　　　　　　　）

03 타는 불에서 튀는 작은 불똥.　　　　　　　　（　　　　　　　　　）

04 비가 오려고 하거나 올 때, 비에 맞으면 안 되는 물건을
치우거나 덮는 일.　　　　　　　　　　　　（　　　　　　　　　）

실전 문제 앞에서 배운 고유어를 이용하여 다음 빈칸을 채웁니다.

01 유리창에 □□가 끼어 밖이 보이지 않았다.

02 모여서 □□□□ 떠들지 말고 가서 공부나 해라.

03 모닥불은 □□를 날리며 활활 타올랐다.

04 여행책은 낯선 여행의 □□□□가 되어 주었다.

05 송아지를 위해 외양간에 □□□를 깔아 주었다.

6-2 어휘력 키우는 비슷한 말과 반대말

비슷한 말끼리 선 긋기 1

❶ 동절기 ·　　　　· ㉠ 선각자

❷ 동정심 ·　　　　· ㉡ 연맹

❸ 동맹 ·　　　　· ㉢ 겨울철

❹ 선구자 ·　　　　· ㉣ 연민

비슷한 말끼리 선 긋기 2

❶ 일년생 ·　　　　· ㉠ 손익

❷ 막일 ·　　　　· ㉡ 한해살이

❸ 만반 ·　　　　· ㉢ 허드렛일

❹ 득실 ·　　　　· ㉣ 만전

초성 퀴즈 1

01 돈이나 재물 등을 아껴 써서 모아 둠.

　　⦿ 매달 만 원씩 ☐☐한 돈으로 부모님 선물을 샀다.

ㅈ	ㅊ

02 적이나 상대를 깊이 미워하여 분하게 여기거나 싸우고 싶어 하는 마음.

　　⦿ 승부욕으로 불타는 응원단은 상대 팀에게 ☐☐☐을 드러냈다.

ㅈ	ㄷ	ㄱ

03 타인 간의 거래를 중개하고 수수료를 받는 일을 하는 사람.

　　⦿ 집을 사고팔 때는 부동산 ☐☐☐을 통해서 해야 안전하다.

ㅈ	ㄱ	ㅇ

04 들어온 돈보다 나간 돈이 많아서 생기는 손실 금액.

　　⦿ 이번 달에는 돈이 들어가는 일이 많아 ☐☐가 났다.

ㅈ	ㅈ

반대말끼리 선 긋기 1

❶ 천대 · · ㉠ 청음

❷ 탁음 · · ㉡ 반역

❸ 참패 · · ㉢ 대승

❹ 충성 · · ㉣ 우대

 반대말끼리 선 긋기 2

❶ 혼미하다 · · ㉠ 무례하다

❷ 삼엄하다 · · ㉡ 명백하다

❸ 명석하다 · · ㉢ 아둔하다

❹ 정중하다 · · ㉣ 허술하다

 초성 퀴즈 2

01 음식점 및 급식소 등에서 식품의 조리를 직업으로 삼는 사람.
예 어머니는 초등학교에서 □□□로 일하신다.

ㅈ	ㄹ	ㅅ

02 색종이로 날개를 만들고 대를 꿰어, 바람이 불면 빙빙 돌아가도록 한 장난감.
예 아이들이 미술 시간에 만든 □□□□를 들고 뛰어다녔다.

ㅂ	ㄹ	ㄱ	ㅂ

03 손자의 아들.
예 증조할머니는 얼마 전 태어난 □□□를 무척 예뻐하셨다.

ㅈ	ㅅ	ㅈ

04 어떤 일을 맡아 대신해 준 대가로 주는 요금.
예 다른 은행으로 돈을 보내려면 □□□를 내야 한다.

ㅅ	ㅅ	ㄹ

05 중개인을 거치지 아니하고 살 사람과 팔 사람이 직접 거래함.
예 농산물 □□□ 장터에서 좋은 과일을 싸게 샀다.

ㅈ	ㄱ	ㄹ

6-3 신문 어휘로 독해력 키우기

독해력과 어휘력을 키우는 가장 좋은 방법은 신문을 읽는 것입니다. 하지만 신문에는 평소 사용하지 않는 어려운 낱말들이 많아 이해하기 어렵습니다. 정치, 경제, 환경 등의 신문 기사에서 접할 수 있는 다양한 어휘를 익히고, 활용해 보겠습니다.

 신문에 나오는 어휘 익히기

아래 설명과 예문을 읽고 알맞은 낱말을 찾아 쓰세요. 해당 낱말의 한자와 뜻을 통해 낱말을 좀 더 정확하게 익히세요.

문구	수위	부착	유발

01 ☐☐
수면의 높이. 또는 어떤 일을 진행하는 정도나 수준.
예 차별에 대한 비판의 ☐☐가 높아졌다.

水 位
물 자리

02 ☐☐
어떤 뜻을 나타내는 몇 낱말로 된 말.
예 책을 읽다가 좋은 ☐☐가 있으면 수첩에 적는다.

文 句
글월 글귀

03 ☐☐
어떤 것이 다른 일을 일어나게 함.
예 라면 광고는 먹고 싶은 욕구를 ☐☐한다.

誘 發
꾀다 피다

04 ☐☐
떨어지지 아니하게 붙임.
예 모두 자신의 이름표를 ☐☐해야 한다.

附 着
붙다 붙다

| 경고 | 전자 | 흡입 |

05 | | |

음전하를 가지고 원자핵의 주위를 도는 소립자의 하나.

예 이사하면서 모든 □□ 제품을 새것으로 바꿨다.

電	子
전기	아들

06 | | |

조심하거나 삼가도록 미리 주의를 줌.

예 그 선수는 고의적인 반칙으로 심판에게 □□를 받았다.

警	告
깨우치다	고하다

07 | | |

기체나 액체 따위를 빨아들임.

예 담배 연기를 □□하면 기침이 심해진다.

吸	入
마시다	들이다

 알맞은 낱말 넣어 신문 기사 완성하기

앞에서 배운 어휘를 활용하여 다음 신문 기사를 완성하세요.

△△신문

20△△년 △월 창간   NEWSPAPER   경기도 꿈씨앗동 123-4567

전자 담배에도 암 경고 사진 부착

다음 달 23일부터 전자 담배에 암 (   )을 상징하는 경고 그림이 (   )된 다. 담뱃갑에 붙이는 경고 그림과 문구도 더 세진다. 특히 전자 담배에 대한 경고 그림 (   )가 세진다. 현재 사용하고 있는 흑백 경고 그림을 컬러 사진으로 바꾸고, (   )도 간결하고 명확하게 흡연의 위험을 알리는 방향으로 바뀐다.

6-4 한자 원리로 쉽게 배우기

心(마음 심)은 심장의 모양을 본떠 만든 한자입니다. 마음이나 성격과 관련된 한자에 들어갑니다. 지금부터 '心(마음 심)'이 들어가는 한자들을 배워 보겠습니다.

心(忄)
마음 **심**

01

忍 참다 인

刃 칼날 인 + 心 마음 심

刃(칼날 인)과 心(마음 심)이 합쳐져, 칼날과 같이 굳센 마음으로 참는다는 뜻의 忍(참다 인)이 됩니다.

忍 참다 인				

02

忠 충성 충

中 가운데 중 + 心 마음 심

中(가운데 중)과 心(마음 심)이 합쳐져, 마음이 좌우로 흔들리지 않고 중심을 잡는다는 뜻의 忠(충성 충)이 됩니다.

忠 충성 충				

03

想 생각 상

相 서로 상 + 心 마음 심

相(서로 상)과 心(마음 심)이 합쳐져, 서로가 상대를 마음으로 생각한다는 뜻의 想(생각 상)이 됩니다.

想 생각 상				

실전 문제 다음 밑줄 친 **한자**를 **한글**로 바꿔 쓰세요.

01 그는 의사의 <u>忠告</u>를 받아들여 운동하기로 했다. ( )
남의 결함이나 잘못을 진심으로 타이름.

02 <u>忍耐心</u>이 부족한 사람은 무엇이든 금세 그만둔다. ( )
괴로움이나 어려움을 참고 견디는 마음.

03 유니콘은 실제로 존재하지 않는 <u>想像</u> 속의 동물이다. ( )
실제로 경험하지 않은 현상이나 사물을 마음속으로 그려 봄.

한자 익히고 활용하기

다음 내용을 읽고 아래에 있는 두 개의 한자를 조합하여 알맞은 한글과 한자를 쓰세요.

恩	感	性
은혜 **은**	느끼다 **감**	성품 **성**

想	品	惠
생각 **상**	물건 **품**	은혜 **혜**

01 그 책을 읽은 ☐☐을 글과 그림으로 표현했다.

마음속에서 일어나는 느낌이나 생각.

☐☐   한글 ⟶ 한자   ☐☐

02 그는 어질고 착한 ☐☐을 가지고 있다.

사람의 성질이나 됨됨이.

☐☐   한글 ⟶ 한자   ☐☐

03 낳고 길러 주신 부모님의 ☐☐에 보답해야 한다.

고맙게 베풀어 주는 신세나 혜택.

☐☐   한글 ⟶ 한자   ☐☐

6-5 사자성어로 배우는 삶의 지혜

사자성어는 어떤 상황이나 사람의 마음을 빗대어 표현한 것으로, 일상생활이나 글에 많이 사용됩니다. 다음 사자성어의 설명을 읽고, 각각의 한자와 뜻, 음을 따라 쓰면서 익히세요.

01 대나무를 쪼개는 듯한 기세를 뜻합니다. 긴 대나무는 처음 쪼개기는 어렵지만, 일단 칼이 들어가면 단숨에 끝까지 쪼개집니다. 실력이 너무 뛰어나 만나는 상대마다 쉽게 이기며 맹렬하게 나아가는 기세를 표현합니다.

파	죽	지	세
破	竹	之	勢
깨다	대나무	~의	형세

02 바람 앞에 있는 등불이라는 뜻으로, 등잔불이 바람에 언제 꺼질지 모르게 껌벅거리며 모습을 말합니다. 사람이나 나라의 운명이 매우 급박한 상황에 놓였을 때 사용하는 사자성어입니다.

풍	전	등	화
風	前	燈	火
바람	앞	등	불

연습하기 다음 사자성어의 한자와 뜻을 따라 쓰고 한글로 쓰세요.

破	竹	之	勢
깨다	대나무	~의	형세

風	前	燈	火
바람	앞	등	불

03 바늘처럼 작은 것을 막대처럼 크다고 말한다는 뜻입니다. 작은 일을 크게 부풀려서 허풍을 떠는 상황에 사용하는 사자성어입니다.

침	소	봉	대
針	小	棒	大
바늘	작다	막대	크다

04 토끼 사냥이 끝나면 사냥개를 삶아 먹는다는 뜻으로, 필요할 때 이용하다 쓸모가 없어지면 가혹하게 버리는 것을 의미합니다. 일이 있을 때 실컷 부려먹다가 나중에 야박하게 버리는 경우에 사용하는 사자성어입니다.

토	사	구	팽
兔	死	狗	烹
토끼	죽다	개	삶다

연습하기 다음 사자성어의 한자와 뜻을 따라 쓰고 한글로 쓰세요.

針	小	棒	大
바늘	작다	막대	크다

兔	死	狗	烹
토끼	죽다	개	삶다

실전 문제 다음 내용을 읽고 알맞은 사자성어를 쓰세요.

01 1905년 을사조약으로 조선은  의 위기에 놓였다.

02 별일 아닌 것을  로 이야기하다니 과장이 심하다.

03 우리 팀은 한차례의 패배도 없이 [   ] 로 이기고 있다.

6-6 '동사'와 '형용사' 이해하기

🐑 움직임을 나타내는 '동사'

'동사'는 '動(움직이다 동), 詞(말 사)'가 결합한 말로 움직임을 나타내는 낱말을 뜻합니다. 예를 들어 '달리다, 먹다, 마시다, 웃다, 날아가다' 등과 같이 움직임을 나타내는 말은 동사입니다. 동사는 주로 문장에서 서술어 역할을 합니다.

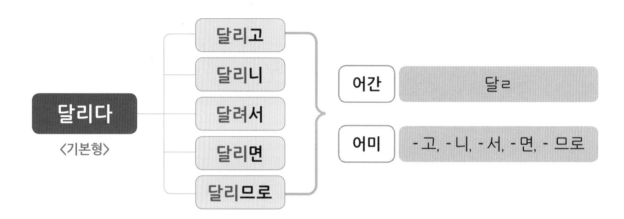

동사는 문장에 따라 형태가 바뀝니다. 예를 들어, '달리다'라는 동사는 '달리니, 달리고, 달려서, 달렸다, 달리면' 등과 같이 쓰임에 따라 형태가 바뀝니다. 이때 바뀌지 않는 부분을 '어간'이라고 하고, '-니, -고, -서' 등과 같이 바뀌는 부분을 '어미'라고 합니다. 동사를 국어사전에서 찾을 때는 바뀌지 않는 부분에 '-다'를 붙인 기본형으로 찾으면 됩니다.

실전 문제 1 밑줄 친 낱말의 기본형을 쓰세요.

01 사과 껍질을 <u>깎아야지</u>, 어떻게 <u>깎지</u> 않고 먹겠니. (   )

02 넓은 바다를 <u>그리고</u>, 배도 <u>그렸다</u>. (   )

03 어제는 피자를 <u>먹고</u>, 오늘은 햄버거를 <u>먹었다</u>. (   )

04 엄마는 시장에 <u>가셨고</u>, 누나는 학교에 <u>갔다</u>. (   )

어떤 상태를 나타내는 '형용사'

'크다, 작다, 예쁘다, 달콤하다, 길쭉하다' 등과 같이 사람이나 사물의 성질이나 상태를 나타내는 낱말을 '형용사'라고 합니다. 형용사는 동사처럼 문장에서 쓰임에 따라 형태가 바뀝니다. 따라서 형용사도 국어사전에서 기본형으로 찾아야 합니다. 형용사는 부탁하거나 명령하는 문장에서는 사용하지 않습니다.

> **<u>귀여운</u>** 강아지의 꼬리가 **길다.**
> 　　형용사　　　　　　　　　　　　　형용사

 동사와 형용사 구분하기

동사와 형용사는 문장에서의 쓰임이나 성격이 비슷하여 구분하기 어렵습니다. 쉽게 구분하려면 일단 낱말이 동작을 나타내는지 아니면 어떤 상태를 나타내는지를 확인합니다.
그리고 기본형에 '-는'을 넣어 자연스러우면 동사이고, 어색하면 형용사입니다.

> 먹다 - 먹는다 (○) → 동사　　　작다 - 작는다 (x) → 형용사

실전 문제 2 밑줄 친 낱말의 기본형을 쓰고, 동사인지 형용사인지 고르세요.

01 옆집의 진돗개는 나만 보면 <u>짖는다</u>. 　[　　　]　 **동사**　 **형용사**

02 된장찌개가 너무 <u>짜서</u> 물을 부었다. 　[　　　]　 **동사**　 **형용사**

03 냄비의 물이 펄펄 <u>끓으면</u> 면을 넣고 5분간 익힙니다. 　[　　　]　 **동사**　 **형용사**

04 은채는 머리가 <u>아파서</u> 누워 있었다. 　[　　　]　 **동사**　 **형용사**

맞춤법 • 어휘력 국어 실력 7단원

 7-1 풍부한 표현을 위한 고유어 익히기

 고유어 익히고 활용하기 1

살랑살랑	부전부전	씨억씨억	새근발딱

01 남의 사정은 돌보지 아니하고 자기가 하고 싶은
일에만 서두르는 모양.　　　　　　　　　(　　　　　)

02 조금 사늘한 바람이 가볍게 자꾸 부는 모양.　(　　　　　)

03 숨이 차서 숨소리가 고르지 아니하고 급하게 나는 모양. (　　　)

04 성질이 굳세고 활발한 모양.　　　　　　　(　　　　　)

 고유어 익히고 활용하기 2

보금자리	아름드리	꾸러미	꼽사리

01 둘레가 한 아름이 넘는 것을 나타내는 말.　　(　　　　　)

02 새가 알을 낳거나 살기 위해 풀, 나뭇가지 등을
엮어 만든 집.　　　　　　　　　　　　　(　　　　　)

03 남이 노는 자리에 거저 끼어드는 일.　　　　(　　　　　)

04 하나로 뭉쳐서 싼 물건.　　　　　　　　　(　　　　　)

고유어 익히고 활용하기 3

애벌	추렴	벌충	알음알음

01 여러 사람을 통하여 서로 알게 된 사이.　　　（　　　　　　　）

02 같은 일을 여러 번 반복할 때 맨 처음 대강하는 차례.　（　　　　　　　）

03 모임이나 잔치 등의 비용을 여럿이 각각 얼마씩의
　　 돈을 내어 거둠.　　　　　　　　　　　　　（　　　　　　　）

04 손실이나 모자라는 것을 보태어 채움.　　　（　　　　　　　）

실전 문제　앞에서 배운 고유어를 이용하여 다음 빈칸을 채웁니다.

01 작은 동네라 서로를 ⬚⬚⬚⬚으로 알고 있었다.

02 오늘은 동생도 ⬚⬚⬚를 끼어 함께 놀았다.

03 더러운 빨랫감은 우선 ⬚⬚로 비비면서 때를 뺍니다.

04 학교 교문 옆에는 ⬚⬚⬚⬚ 소나무가 서 있었다.

05 주민들이 급히 ⬚⬚해서 마을 행사 비용을 마련했다.

7-2 어휘력 키우는 비슷한 말과 반대말

비슷한 말끼리 선 긋기 1

❶ 말세 ・　　　・ㄱ 늦가을

❷ 패색 ・　　　・ㄴ 말기

❸ 대적 ・　　　・ㄷ 망조

❹ 만추 ・　　　・ㄹ 적수

비슷한 말끼리 선 긋기 2

❶ 명물 ・　　　・ㄱ 맥락

❷ 문맥 ・　　　・ㄴ 특산물

❸ 대화 ・　　　・ㄷ 계책

❹ 모략 ・　　　・ㄹ 면담

초성 퀴즈 1

01 공기가 거의 없는 상태.
　　例 고기를 □□ 상태로 포장하면 오래 보관할 수 있다.

ㅈ	ㄱ

02 아픈 것을 가라앉히거나 느끼지 못하게 하는 약.
　　例 □□□를 먹었는데도 두통은 사라지지 않았다.

진	ㅌ	ㅈ

03 여행하는 데 드는 비용.
　　例 유럽 여행에 쓸 □□를 마련하기 위해 아르바이트를 했다.

ㅇ	ㅂ

04 기차, 전차 등이 다니는 쇠로 만든 길.
　　例 굉음을 내며 기차가 □□ 위를 지나갔다.

ㅊ	ㄹ

반대말끼리 선 긋기 1

❶ 타인 •　　　• ㄱ 이별

❷ 끝물 •　　　• ㄴ 본인

❸ 평야 •　　　• ㄷ 만물

❹ 해후 •　　　• ㄹ 산간

 반대말끼리 선 긋기 2

❶ 매입 •　　　• ㄱ 수뇌

❷ 애통 •　　　• ㄴ 매각

❸ 명목 •　　　• ㄷ 환락

❹ 말단 •　　　• ㄹ 실질

 초성 퀴즈 2

01 푸짐하게 잘 차린 귀하고 맛있는 음식.
예 최고급 호텔 뷔페에서 온갖 □□□□을 맛보았다.

ㅈ	ㅅ	ㅅ	ㅊ

02 건축이나 토목에 쓸 돌을 캐거나 떼어 내는 곳.
예 마을 뒷산에 있는 □□□에서 돌을 깨는 소리가 들렸다.

채	ㅅ	ㅈ

03 우주와 천제를 관측하고 연구하기 위하여 설치한 시설.
예 토요일 저녁에 □□□에서 별과 달을 관측했다.

ㅊ	ㅁ	ㄷ

04 지나간 잘못을 뉘우치는 내용을 적은 기록.
예 그는 권력에 맞서지 못한 자신의 잘못을 □□□에 썼다.

참	ㅎ	ㄹ

05 지금까지 없던 새로운 것을 생각해 내는 능력.
예 다양한 체험을 통해 □□□을 길러야 한다.

ㅊ	ㅇ	ㄹ

7-3 신문 어휘로 독해력 키우기

독해력과 어휘력을 키우는 가장 좋은 방법은 신문을 읽는 것입니다. 하지만 신문에는 평소 사용하지 않는 어려운 낱말들이 많아 이해하기 어렵습니다. 정치, 경제, 환경 등의 신문 기사에서 접할 수 있는 다양한 어휘를 익히고, 활용해 보겠습니다.

 신문에 나오는 어휘 익히기

아래 설명과 예문을 읽고 알맞은 낱말을 찾아 쓰세요. 해당 낱말의 한자와 뜻을 통해 낱말을 좀 더 정확하게 익히세요.

표류	이견	타결	난항

01 ☐☐

의견이 서로 다른 사람이나 단체가 서로 양보하여 일을 끝맺음.

예 오랜 협상 끝에 극적인 ☐☐이 이루어졌다.

妥	結
온당하다	맺다

02 ☐☐

다른 의견이나 생각.

예 결국 양쪽이 ☐☐을 좁히지 못해 협상은 무산되었다.

異	見
다르다	보다

03 ☐☐

물 위에 떠서 정처 없이 흘러감. 또는 어떤 목적이나 방향을 잃고 헤맴.

예 국회 통과를 기다리는 법안들이 ☐☐하고 있다.

漂	流
떠다니다	흐르다

04 ☐☐

일이 순조롭지 못하게 진행되는 것을 비유적으로 이르는 말.

예 개발 사업은 주민들의 반대로 ☐☐을 겪고 있다.

難	航
어렵다	배

근로	사업	방침

05 □□

앞으로 일을 치러 나갈 방향과 계획.

예 학교 □□에 따라 방학 동안 후문을 폐쇄한다.

方	針
방향	바늘

06 □□

경제적 이익을 얻기 위하여 어떤 조직을 운영하는 일.

예 환경과 관련된 □□을 시작할 예정이다.

事	業
일	업

07 □□

부지런히 일함.

예 건설 노동자의 □□ 환경을 개선해야 한다.

勤	勞
부지런하다	일하다

알맞은 낱말 넣어 신문 기사 완성하기

앞에서 배운 어휘를 활용하여 다음 신문 기사를 완성하세요.

△△신문

20△△년 △월 창간　　　　NEWSPAPER　　　경기도 꿈씨앗동 123-4567

표류하는 ▲▲▲ 일자리 사업

취업난 속에 많은 관심을 받았던 ▲▲▲ 일자리 사업이 계속 달라지는 조건 속에 (　　　　)하고 있다. ○○시는 △△ 회사와 협상하고 있지만 (　　　　)을 겪고 있다. 양측이 (　　　　)을 보이는 임금, 근로 시간, 경영 방침 등 조건이 바뀌지 않으면 (　　　　) 가능성은 희박하다는 관측이다.

7-4 한자 원리로 쉽게 배우기

刀(칼 도)는 칼날과 칼 손잡이를 본떠 만든 한자입니다. 칼이나 자른다는 뜻이 포함된 한자에 들어갑니다. 지금부터 '刀(칼 도)'가 들어가는 한자들을 배워 보겠습니다.

刀(刂)

칼 **도**

01

分 나누다 분

八 여덟 팔 + 刀 칼 도

'나누다'는 의미가 있는 八(여덟 팔)과 刀(칼 도)가 합쳐져, 칼로 나눈다는 뜻의 分(나누다 분)이 됩니다.

分 나누다 분				

02

利 이롭다 이

禾 벼 화 + 刂 칼 도

禾(벼 화)와 刂(칼 도)가 합쳐져, 다 자란 벼를 칼로 베어내면 이롭다는 뜻의 利(이롭다 이)가 됩니다.

利 이롭다 이				

03

初 처음 초

衤 옷 의 + 刀 칼 도

衤(옷 의)와 刀(칼 도)가 합쳐져, 옷을 처음 만들 때 칼로 자르는 것부터 시작한다는 뜻의 初(처음 초)가 됩니다.

初 처음 초				

실전 문제 다음 밑줄 친 **한자**를 **한글**로 바꿔 쓰세요.

01 우리는 집안일을 서로 <u>分擔</u>해서 하기로 했다. ( )
　　나누어서 맡음.

02 무엇이든 배워 두면 너에게 큰 <u>利益</u>이 될 것이다. ( )
　　물질적으로나 정신적으로 보탬이 되는 것.

03 별기군은 우리나라 <u>最初</u>의 신식 군대이다. ( )
　　맨 처음.

한자 익히고 활용하기

다음 내용을 읽고 아래에 있는 두 개의 한자를 조합하여 알맞은 한글과 한자를 쓰세요.

到	離	法
이르다 **도**	떠나다 **이**	법 **법**
則	別	着
법칙 **칙**	나누다 **별**	붙다 **착**

01 안전한 사회를 위해 엄격한 ☐☐이 필요하다.
　　반드시 지켜야만 하는 규범.

☐☐　　한글 ⟶ 한자　　☐☐

02 우리가 타야 할 기차가 곧 ☐☐할 예정이다.
　　목적한 곳에 다다름.

☐☐　　한글 ⟶ 한자　　☐☐

03 다른 도시로 이사를 하면서 친구들과 ☐☐하게 되었다.
　　서로 오랫동안 만나지 못하고 떨어져 있거나 헤어짐.

☐☐　　한글 ⟶ 한자　　☐☐

7-5 사자성어로 배우는 삶의 지혜

사자성어는 어떤 상황이나 사람의 마음을 빗대어 표현한 것으로, 일상생활이나 글에 많이 사용됩니다.
다음 사자성어의 설명을 읽고, 각각의 한자와 뜻, 음을 따라 쓰면서 익히세요.

01 반딧불이와 눈의 빛으로 공부하여 이룬 공을 뜻합니다. 기름을 살 돈이 없어 여름에는 반딧불이의 빛으로, 겨울에는 쌓인 눈빛으로 공부를 했다는 이야기에서 유래하였습니다. 어려운 상황을 극복하고 열심히 공부하여 얻은 것을 일컫는 사자성어입니다.

형	설	지	공
螢	雪	之	功
반딧불이	눈	~의	공적

02 여우가 호랑이의 위엄을 빌려 권세를 부린다는 뜻입니다. 뒤에 있는 호랑이를 무서워하는 것인데, 여우는 자신을 무서워한다고 생각해 힘을 과시한다는 이야기에서 유래하였습니다. 다른 사람의 힘을 믿고 위세를 부리는 것을 의미합니다.

호	가	호	위
狐	假	虎	威
여우	거짓	범	위엄

연습하기 다음 사자성어의 한자와 뜻을 따라 쓰고 한글로 쓰세요.

螢	雪	之	功
반딧불이	눈	~의	공적

狐	假	虎	威
여우	거짓	범	위엄

03 용을 그릴 때 마지막으로 눈동자인 점을 그린다는 뜻입니다. 어떤 일을 할 때 가장 중요한 부분을 맨 나중에 함으로써 그 일을 완성한다는 의미의 사자성어입니다.

화	룡	점	정
畵	龍	點	睛
그림	용	점	눈동자

04 뼈를 바꾸고 태를 빼낸다는 뜻으로 몸과 얼굴이 몰라볼 만큼 좋게 바뀌었음을 의미합니다. 어떤 것을 완전히 새로운 것으로 변화시키는 것을 일컫는 사자성어입니다.

환	골	탈	태
換	骨	奪	胎
바꾸다	뼈	빼앗다	태, 근원

연습하기 다음 사자성어의 한자와 뜻을 따라 쓰고 한글로 쓰세요.

畵	龍	點	睛
그림	용	점	눈동자

換	骨	奪	胎
바꾸다	뼈	빼앗다	태, 근원

실전 문제 다음 내용을 읽고 알맞은 사자성어를 쓰세요.

01 현재의 교육 방식은 새로운 시대에 맞춰  해야 합니다.

02 그는 어려운 환경 속에서도  으로 공부하여 합격했다.

03 제목은 ☐☐☐☐ 으로 글에서 가장 중요한 부분이다.

7-6 말의 기본이 되는 '음운'과 '음절'

 말의 뜻을 구별하는 '음운'

말의 뜻을 차이 나게 하는 가장 작은 소리의 단위를 '음운'이라고 합니다. 예를 들어 '물'과 '불'은 첫소리만 다르고 가운뎃소리와 끝소리는 같지만, 서로 전혀 다른 뜻의 낱말이 됩니다. 이처럼 음운은 낱말에서 말의 뜻을 구별해 주는 말소리의 가장 작은 단위입니다.

다음과 같이 글자를 여러 개의 음운으로 쪼갤 수 있습니다.

글자	음운
물	ㅁ + ㅜ + ㄹ (음운 3개)
성	ㅅ + ㅓ + ㅇ (음운 3개)
감	ㄱ + ㅏ + ㅁ (음운 3개)

 한 번에 소리 낼 수 있는 '음절'

여러 개의 음운이 합쳐져 소리 낼 수 있는 최소의 글자를 '음절'이라고 합니다. 예를 들어 '호박'은 [호], [박]이라는 두 마디로 소리가 나므로 2음절입니다. '고구마'는 [고], [구], [마]로 소리가 나므로 3음절입니다.

호박	호 + 박 = 2음절
고구마	고 + 구 + 마 = 3음절

실전 문제　다음 낱말의 음운과 음절의 수를 세어 보세요.

01
가을
음운 :　　　　개
음절 :　　　　개

02
복숭아
음운 :　　　　개
음절 :　　　　개

뜻을 구분하는 '긴소리'와 '짧은소리'

낱말의 뜻은 소리의 길이로도 구분할 수 있습니다. 예를 들어 '나는 밤을 좋아한다.'라는 문장에서 '밤'은 저녁을 의미하면 짧은소리인 [밤]으로 읽습니다. 반면 먹는 견과류를 의미할 때는 긴소리인 [밤:]으로 읽습니다.

나는 **밤**을 좋아한다.

VS

짧은소리 [밤]

긴소리 [밤:]

짧은소리	긴소리
 [말]	 [말:]
[굴]	 [굴:]
[눈]	 [눈:]

08

맞춤법·어휘력 국어 실력 8단원

 8-1 풍부한 표현을 위한 고유어 익히기

 고유어 익히고 활용하기 1

싱숭생숭	옹긋옹긋	애면글면	흘금흘금

01 키가 비슷한 사람이나 크기가 비슷한 사물들이
모여 솟아 있는 모양. ( )

02 마음이 들떠서 어수선하고 갈팡질팡하는 모양. ( )

03 곁눈으로 자꾸 슬그머니 흘겨보는 모양. ( )

04 몹시 힘에 겨운 일을 이루려고 갖은 애를 쓰는 모양. ( )

고유어 익히고 활용하기 2

말눈치	말귀	말갈망	말막음

01 말이 뜻하는 내용. ( )

02 말하는 가운데에 은근히 드러나는 어떤 태도. ( )

03 상대편이 자기에게 불리하거나 성가신 말을 하지
못하도록 미리 막는 일. ( )

04 자기가 한 말의 뒷수습. ( )

고유어 익히고 활용하기 3

| 민낯 | 몰골 | 다리품 | 겉치레 |

01 볼품없는 모양새.　　　　　　　　　(　　　　　　)

02 화장을 하지 않은 얼굴.　　　　　　(　　　　　　)

03 겉만 보기 좋게 꾸미어 드러냄.　　(　　　　　　)

04 길을 걷는 데 드는 노력.　　　　　(　　　　　　)

실전 문제 앞에서 배운 고유어를 이용하여 다음 빈칸을 채웁니다.

01 그녀는 ☐☐가 어두워 대화 내용을 이해하지 못했다.

02 호화로운 ☐☐가 생략된 소박한 결혼식이었다.

03 안 되는 일에 ☐☐☐ 애쓰지 말고 포기하세요.

04 나의 비밀을 ☐☐☐하느라 동생에게 로봇을 주었다.

05 우리는 ☐☐☐을 팔아 예쁜 가방을 저렴하게 샀다.

8-2 어휘력 키우는 비슷한 말과 반대말

 비슷한 말끼리 선 긋기 1

❶ 먹성 · · **ㄱ** 박탈

❷ 묘책 · · **ㄴ** 식성

❸ 명맥 · · **ㄷ** 묘안

❹ 몰수 · · **ㄹ** 생명

 비슷한 말끼리 선 긋기 2

❶ 무뢰한 · · **ㄱ** 불한당

❷ 몸부림 · · **ㄴ** 발버둥

❸ 문명인 · · **ㄷ** 몰경위

❹ 무분별 · · **ㄹ** 문화인

초성 퀴즈 1

01 태어날 때부터 지니고 있는 것.
　　㉠ 희윤이는 고운 목소리를 □□□으로 타고났다.

선	ㅊ	ㅈ

02 국민이 정치에 참여할 수 있는 권리.
　　㉠ 민주주의에서는 모든 국민에게 □□□이 보장되어 있다.

참	ㅈ	ㄱ

03 철로 만든 것처럼 두꺼운 낯가죽이라는 뜻으로, 염치가 없고 뻔뻔스러운 사람을 얕잡아 이르는 말.
　　㉠ 그는 어렵게 사는 노인들의 돈을 가로챈 □□□였다.

ㅊ	ㅁ	ㅍ

04 옷을 벗거나 갈아입는 방.
　　㉠ 옷을 갈아입다가 □□□에 수영복을 두고 왔다.

ㅌ	ㅇ	ㅅ

반대말끼리 선 긋기 1

❶ 가직이 •

• ㉠ 머리말

❷ 당사자 •

• ㉡ 멀찍이

❸ 청백리 •

• ㉢ 제삼자

❹ 맺음말 •

• ㉣ 탐관오리

 반대말끼리 선 긋기 2

❶ 모레 •

• ㉠ 증오

❷ 진품 •

• ㉡ 그저께

❸ 주류 •

• ㉢ 모조품

❹ 연민 •

• ㉣ 비주류

 초성 퀴즈 2

01 초가 움직이지 않게 꽂아 놓는 기구.

예 □□에 꽂혀 있는 양초에 불을 붙였다.

| ㅊ | ㄷ |

02 사람의 얼굴이나 모습을 그린 그림.

예 벽면에 주인인 듯한 사람의 □□□가 걸려 있었다.

| ㅊ | ㅅ | ㅎ |

03 침이나 음식물이 옷에 묻지 않도록 어린아이의 턱 아래에 대어 주는 것.

예 이유식을 먹이기 위해 아기의 목에 □□□를 둘렀다.

| ㅌ | ㅂ | ㅇ |

04 손으로 직접 쓴 글씨.

예 작가의 □□ 사인이 담긴 책을 선물로 받았다.

| ㅊ | ㅍ |

05 풀이나 짚, 가축의 배설물 따위를 썩혀서 거름으로 만든 것.

예 음식 찌꺼기로 만든 친환경 □□로 농작물을 기른다.

| ㅌ | ㅂ |

8-3 신문 어휘로 독해력 키우기

독해력과 어휘력을 키우는 가장 좋은 방법은 신문을 읽는 것입니다. 하지만 신문에는 평소 사용하지 않는 어려운 낱말들이 많아 이해하기 어렵습니다. 정치, 경제, 환경 등의 신문 기사에서 접할 수 있는 다양한 어휘를 익히고, 활용해 보겠습니다.

 신문에 나오는 어휘 익히기

아래 설명과 예문을 읽고 알맞은 낱말을 찾아 쓰세요. 해당 낱말의 한자와 뜻을 통해 낱말을 좀 더 정확하게 익히세요.

파문	대응	회계	대책

01 ☐☐ 　어떤 일이나 사태에 맞추어 태도나 행동을 취함.
　　예 악의적인 소문에 더 적극적으로 ☐☐해야 한다.

> **對** 대하다 **應** 응하다

02 ☐☐ 　수면에 이는 물결. 또는 어떤 일이 다른 데에 미치는 영향.
　　예 그 사건은 미술계에 엄청난 ☐☐을 몰고 왔다.

> **波** 물결 **紋** 무늬

03 ☐☐ 　어떤 일에 대처할 계획이나 수단.
　　예 학교 폭력을 근절할 ☐☐이 필요하다.

> **對** 대하다 **策** 꾀

04 ☐☐ 　개인이나 기업의 나가고 들어오는 돈을 따져서 계산함.
　　예 나는 동창 모임에서 돈을 관리하는 ☐☐를 맡았다.

> **會** 모이다 **計** 세다

| 발생 | 비리 | 피해 |

05 ☐☐ 이치에 어긋나거나 도리에 맞지 않는 일.
예 선거 과정에서 ☐☐가 드러난 후보는 사퇴했다.

非 아니다 **理** 다스리다

06 ☐☐ 재산, 명예, 신체 따위에 손해를 입음.
예 이번 태풍으로 경기 지역의 ☐☐가 컸다.

被 입다 **害** 해하다

07 ☐☐ 어떤 일이 일어나거나 사물이 생겨남.
예 우리 동네의 범죄 ☐☐ 횟수가 줄고 있다.

發 피다 **生** 나다

 알맞은 낱말 넣어 신문 기사 완성하기

앞에서 배운 어휘를 활용하여 다음 신문 기사를 완성하세요.

△△신문

20△△년 △월 창간 　　　　　NEWSPAPER　　　　　경기도 꿈씨앗동 123-4567

교육 비리에는 단호하게 대응

☐☐☐ 대통령은 29일 △△△△△ 비리 (　　　　　　　　)과 관련, "만약 아이들에게 피해가 발생하는 상황이 벌어진다면 단호하게 (　　　　　　)해 나가야 할 것"이라고 말했다. ☐ 대통령은 "국가 재정이 지원되는 모든 교육 시설의 (　　　　　　)를 투명하게 하는 등의 근본적인 (　　　　　　)을 마련해 주기를 바란다."고 강조했다.

8-4 한자 원리로 쉽게 배우기

工(장인 공)은 어떤 것을 만드는 도구를 본떠 만든 한자입니다. 무엇인가 만드는 데 필요한 도구나 만들어지는 과정과 관련된 한자에 들어갑니다.

工
장인 공

01

江 강 강

氵물 수 + 工 장인 공

氵(물 수)와 工(장인 공)이 합쳐져, 물이 흘러서 만드는 강을 의미하는 江(강 강)이 됩니다.

江				
강 강				

02

紅 붉다 홍

糸 실 사 + 工 장인 공

糸(실 사)와 工(장인 공)이 합쳐져, 실을 가공하여 붉은 실을 만든다는 뜻의 紅(붉다 홍)이 됩니다.

紅				
붉다 홍				

03

功 공적 공

工 장인 공 + 力 힘 력

工(장인 공)과 力(힘 력)이 합쳐져, 연장을 가지고 힘을 써서 무언가를 이룬다는 뜻의 功(공적 공)이 됩니다.

功				
공적 공				

실전 문제 다음 밑줄 친 **한자**를 **한글**로 바꿔 쓰세요.

01 실패는 <u>成功</u>의 어머니이다.　　　　　　　　　(　　　　　)
목적하는 바를 이룸.

02 이번 주말 저녁에 <u>漢江</u>에서 유람선을 타기로 했다.　(　　　　　)
우리나라 서울을 중심으로 한 중부를 지나 황해로 흐르는 강의 이름.

03 밀크티는 <u>紅茶</u>에 우유를 넣어 만든다.　　　　　(　　　　　)
맑은 붉은색을 띠고 향기가 나는 차.

한자 익히고 활용하기

다음 내용을 읽고 아래에 있는 두 개의 한자를 조합하여 알맞은 한글과 한자를 쓰세요.

化	左	完
되다 **화**	왼쪽 **좌**	완전하다 **완**
右	工	石
오른쪽 **우**	장인 **공**	돌 **석**

01 이 건물은 연말까지 ☐☐ 을 목표로 하고 있다.

공사를 완성함.

☐☐ 한글 ⟶ 한자 ☐☐

02 성희는 대답 대신에 고개를 ☐☐ 로 저었다.

왼쪽과 오른쪽을 아울러 이르는 말.

☐☐ 한글 ⟶ 한자 ☐☐

03 석유와 석탄은 고생대에 만들어진 ☐☐ 연료이다.

지질 시대의 동식물의 시체나 그 흔적이 퇴적암 등의 암석 속에 그대로 남아 있는 것.

☐☐ 한글 ⟶ 한자 ☐☐

8-5 사자성어로 배우는 삶의 지혜

사자성어는 어떤 상황이나 사람의 마음을 빗대어 표현한 것으로, 일상생활이나 글에 많이 사용됩니다.
다음 사자성어의 설명을 읽고, 각각의 한자와 뜻, 음을 따라 쓰면서 익히세요.

01 눈을 비비고 상대방을 대한다는 뜻으로, 잘못 봤나 싶어 눈을 비비고 다시 확인하는 것을 의미합니다. 상대방이 몰라볼 정도로 실력이 향상되었을 때 사용하는 사자성어입니다.

괄	목	상	대
刮	目	相	對
비비다	눈	서로	대하다

02 고생도 함께하고 기쁨도 함께한다는 뜻으로, 어떤 상황에서도 어려움과 기쁨을 항상 함께 나누는 친밀한 사이를 일컫는 사자성어입니다.

동	고	동	락
同	苦	同	樂
한가지	괴롭다	한가지	즐기다

연습하기 다음 사자성어의 한자와 뜻을 따라 쓰고 한글로 쓰세요.

刮	目	相	對	同	苦	同	樂
비비다	눈	서로	대하다	한가지	괴롭다	한가지	즐기다

03 작은 것을 탐하다 오히려 큰 것을 잃는다는 뜻입니다. 작은 이익에 욕심을 부리다가 정작 중요한 것에서 큰 손해를 보게 되는 어리석음을 표현할 때 사용하는 사자성어입니다.

소	탐	대	실
小	貪	大	失
작다	탐내다	크다	잃다

04 옛것을 익히면 새로운 것을 쉽게 이해한다는 뜻의 사자성어입니다. 과거의 지식에 기반해야 새로운 지식을 제대로 익힐 수 있다는 의미입니다.

온	고	지	신
溫	故	知	新
따뜻하다	옛날	알다	새로운

연습하기 다음 사자성어의 한자와 뜻을 따라 쓰고 한글로 쓰세요.

小	貪	大	失
작다	탐내다	크다	잃다

溫	故	知	新
따뜻하다	옛날	알다	새로운

실전 문제 다음 내용을 읽고 알맞은 사자성어를 쓰세요.

01 우리는 전통 문화를  의 정신으로 계승해야 한다.

02 피나는 훈련 덕분에 그의 실력은  하게 되었다.

03 나와 그 친구는 십 년을 □□□□ 해 온 사이이다.

8-6 '구개음화'와 '자음동화' 이해하기

구개음화 이해하기

'해돋이'라는 낱말을 글자 그대로 [해돋이]로 발음해 보고, [해도지]로도 발음해 보세요. 두 번째 [해도지]로 발음하기가 더 쉽습니다.

이처럼 'ㄷ'이나 'ㅌ'이 'ㅣ'와 만나는 경우, 좀 더 쉽게 소리 내기 위해 'ㅈ'이나 'ㅊ'으로 발음하는 것을 '구개음화'라고 합니다. '구개음'은 한자로 口(입 구), 蓋(덮다 개), 音(소리 음)이 결합한 말로 '입천장 소리'라는 뜻입니다. 쉽게 말해, 'ㅈ, ㅊ'을 소리 낼 때 혓바닥이 입천장에 닿아 내는 소리를 말합니다.

쓰기	읽기
해돋이	[해도지]
같이	[가치]

'해돋이'의 경우 '돋'의 끝소리 'ㄷ'이 뒤의 'ㅣ'를 만나므로 [해도지]로 소리 납니다. 그리고, '같이'의 경우에는 '같'의 끝소리 'ㅌ'이 'ㅣ'를 만나 [가치]로 소리 납니다.

실전 문제 1 다음 밑줄 친 낱말을 소리 나는 대로 쓰세요.

01 네가 <u>굳이</u> 따라가겠다면 가도 된다.   [   ]

02 나는 오 형제 중 <u>맏이</u>로 태어났다.   [   ]

03 구름이 <u>걷히자</u> 해가 나왔다.   [   ]

04 물감을 <u>묻히면</u> 다시 해야 한다.   [   ]

05 방 안을 <u>샅샅이</u> 뒤졌지만 없었다.   [   ]

자음동화 이해하기

앞 음절의 끝소리가 뒤 음절 첫소리의 영향을 받아 그것과 닮은 소리를 내는 것을 '자음동화'라고 합니다.

쓰기	읽기
난로	[날로]
칼날	[칼랄]

예를 들어 '난로'는 앞말의 끝소리 'ㄴ'이 뒷말의 첫소리 'ㄹ'의 영향을 받아 [날로]로 소리 납니다. '칼날'은 뒷말인 '날'의 첫소리 'ㄴ'이 앞말의 끝소리 'ㄹ'의 영향을 받아 [칼랄]로 소리 납니다.

실전 문제 2 다음 밑줄 친 낱말을 소리 나는 대로 쓰세요.

01 <u>설날</u>에는 온 가족들이 모여 윷놀이를 한다.　　　　[　　　　　　　　]

02 미래에는 <u>달나라</u>로 여행을 갈지도 모른다.　　　　[　　　　　　　　]

03 시현이는 학교 대표로 음악 <u>줄넘기</u> 대회에 출전한다. [　　　　　　　　]

04 우리는 근처 계곡으로 <u>물놀이</u>를 하러 갔다.　　　　[　　　　　　　　]

05 이번 제주도 여행에서 <u>한라산</u> 등반을 하고 싶다.　　　[　　　　　　　　]

06 교실의 <u>앞문</u>이 잠겨서 뒷문으로 들어갔다.　　　　[　　　　　　　　]

맞춤법 · 어휘력 국어 실력 9단원

 9-1 풍부한 표현을 위한 고유어 익히기

고유어 익히고 활용하기 1

| 사재기 | 억지 | 넉살 | 꼼수 |

01 주장을 무리하게 내세우거나, 잘 안 될 일을 기어이
해내려는 고집.   (   )

02 물건값이 오를 것으로 생각하여 미리 물건을 많이
사 두는 것.   (   )

03 쩨쩨한 수단이나 방법.   (   )

04 부끄러운 기색이 없이 비위 좋게 구는 행동이나 성격.   (   )

고유어 익히고 활용하기 2

| 토렴 | 대들보 | 수발 | 앙금 |

01 집을 받치는 가장 큰 들보. 또는 한 나라나 집안의 운명을
지고 나갈 만큼 중요한 사람을 비유적으로 이르는 말.   (   )

02 밥이나 국수에 뜨거운 국물을 부었다 따랐다 하며
데우는 것.   (   )

03 녹말 따위의 아주 잘고 부드러운 가루가 물에 가라앉아
생긴 층. 또는 마음속에 남아 있는 개운치 아니한 감정.   (   )

04 곁에서 보살피며 여러 가지 시중을 듦.   (   )

고유어 익히고 활용하기 3

모람모람	따따부따	반둥반둥	부리나케

01 딱딱한 말씨로 따지고 다투는 소리.　　　　　　　(　　　　　　　　)

02 이따금 한데 몰아서.　　　　　　　　　　　　　(　　　　　　　　)

03 서둘러서 아주 급하게.　　　　　　　　　　　　(　　　　　　　　)

04 아무 일도 하지 아니하고 염치없게 놀기만 하는 모양.　(　　　　　　　　)

실전 문제 앞에서 배운 고유어를 이용하여 다음 빈칸을 채웁니다.

01 갑자기 비가 내리자 ☐☐☐☐ 집으로 뛰었다.　　　☐☐☐☐

02 아직도 그에게 ☐☐이 남아 있어 만나기 싫었다.　　☐☐

03 손님이 입었던 옷을 환불해 달라며 ☐☐를 부렸다.　☐☐

04 밀가루값이 오르자 라면과 과자를 ☐☐☐하는 사람들이 생겼다.　☐☐☐

05 어머니는 몸이 편찮으신 할머니의 ☐☐을 들고 있다.　☐☐

9-2 어휘력 키우는 비슷한 말과 반대말

비슷한 말끼리 선 긋기 1

❶ 반항 •   • ㄱ 경관

❷ 본거지 •   • ㄴ 저항

❸ 복귀 •   • ㄷ 회복

❹ 미관 •   • ㄹ 거점

비슷한 말끼리 선 긋기 2

❶ 융성 •   • ㄱ 부흥

❷ 사양 •   • ㄴ 곤궁

❸ 생장 •   • ㄷ 거절

❹ 빈곤 •   • ㄹ 성장

초성 퀴즈 1

01 콧구멍으로 나오는 더운 김.
예 경주마가 □□을 내뿜으며 달리고 있었다.

ㅋ	ㄱ

02 벼, 보리 등의 낟알에서 껍질을 벗겨 내는 일.
예 들판에는 □□을 마친 볏짚 더미가 수북이 쌓여 있었다.

ㅌ	ㄱ

03 접근을 막기 위해 철로 만든 선을 그물처럼 엮어 친 울타리.
예 사람들의 접근을 막기 위해 공터 주위에 □□□이 둘러쳐졌다.

철	ㅈ	ㅁ

04 집단의 구성원 가운데 가장 오래된 사람을 이르는 말.
예 우리 할아버지는 이 동네 □□□□이시다.

터	ㅈ	ㄷ	ㄱ

반대말끼리 선 긋기 1

❶ 부호 · · ㄱ 쇠퇴

❷ 비탄 · · ㄴ 빈민

❸ 독립 · · ㄷ 환희

❹ 부흥 · · ㄹ 종속

 반대말끼리 선 긋기 2

❶ 활기 · · ㄱ 옥토

❷ 형식 · · ㄴ 침체

❸ 황무지 · · ㄷ 내용

❹ 협력 · · ㄹ 훼방

초성 퀴즈 2

01 전선이나 통신선을 이어 매달아 놓은 기둥.
예 □□□마다 광고 전단이 덕지덕지 붙어 있다.

전	ㅂ	ㄷ

02 쌓인 눈을 치워 없애는 차.
예 수십 대의 □□□를 동원하여 밤사이 쌓인 눈을 치우고 있다.

ㅈ	ㅅ	ㅊ

03 최대로 숨을 들이마신 뒤에 최대로 숨을 내쉴 때 폐를 출입하는 공기의 양.
예 걷기 운동을 꾸준히 하면 □□□이 늘어난다.

ㅍ	ㅎ	량

04 두 물체를 서로 붙이는 데 쓰는 물질.
예 욕실 벽에서 떨어진 타일을 □□□로 붙였다.

ㅈ	ㅊ	제

05 나라의 경사를 기념하기 위해 법으로 정하여 축하하는 날.
예 한글날은 □□□로 지정되어 있다.

ㄱ	경	ㅇ

9-3 신문 어휘로 독해력 키우기

독해력과 어휘력을 키우는 가장 좋은 방법은 신문을 읽는 것입니다. 하지만 신문에는 평소 사용하지 않는 어려운 낱말들이 많아 이해하기 어렵습니다. 정치, 경제, 환경 등의 신문 기사에서 접할 수 있는 다양한 어휘를 익히고, 활용해 보겠습니다.

 신문에 나오는 어휘 익히기

아래 설명과 예문을 읽고 알맞은 낱말을 찾아 쓰세요. 해당 낱말의 한자와 뜻을 통해 낱말을 좀 더 정확하게 익히세요.

수질	멸종	생태계	개방

01 ☐☐
생물의 한 종류가 완전히 없어짐.
예 밀렵으로 고릴라는 ☐☐ 위기에 놓였다.

滅 種
멸하다 종족

02 ☐☐
물의 오염도나 성분, 빛깔, 맛 등의 성질.
예 공장 폐수가 흘러들어 ☐☐을 오염시켰다.

水 質
물 바탕

03 ☐☐
금지되거나 제한된 것을 풀어 자유롭게 함.
예 명절을 맞아 고궁의 ☐☐ 시간이 늘어났다.

開 放
열다 놓다

04 ☐☐☐
여러 생물이 서로 영향을 주며 어우러진 자연의 세계.
예 무분별한 개발이 ☐☐☐를 파괴한다.

生 態 系
나다 모습 매다

| 조성 | 복원 | 교란 |

05

원래대로 회복함.

⑩ 한 번 파괴된 환경은 □□하기 어렵다.

復	元
회복하다	처음

06

마음이나 상황 따위를 뒤흔들어 어지럽고 혼란하게 함.

⑩ 외래종으로 인한 생태계의 □□이 심각하다.

攪	亂
흔들다	어지럽다

07

무엇을 만들어서 이룸.

⑩ △△시에서는 대규모 생태공원 □□을 추진하고 있다.

造	成
짓다	이루다

 알맞은 낱말 넣어 신문 기사 완성하기

앞에서 배운 어휘를 활용하여 다음 신문 기사를 완성하세요.

△△신문

20△△년 △월 창간   NEWSPAPER   경기도 꿈씨앗동 123-4567

닫혔던 보를 열자 살아나는 생태계

금강에 닫혀있던 보가 완전히 열리고 물이 막힘없이 흐르자 피라미가 늘고, 물새들은 떼를 지어 찾아왔다. 삵, 수달과 같은 (   ) 위기 야생 생물도 돌아오고 있다. 환경부는 4대강 중 처음으로 금강의 모든 보를 완전히 (   ) 한 결과 (   )과 (   )에서 큰 변화를 확인했다고 15일 밝혔다.

9-4 한자 원리로 쉽게 배우기

門(문 문)은 양쪽으로 열리는 문의 모양을 본떠 만든 한자입니다. 문과 관련된 글자나 열고 닫는 것과 연관된 한자에 쓰입니다.

門
문 **문**

01

聞 듣다 문

門 문 문 + 耳 귀 이

門(문 문)과 耳(귀 이)가 합쳐져, 문에 귀를 대고 들으면 들린다는 뜻의 聞(듣다 문)이 됩니다.

聞					
듣다 문					

02

間 사이 간

門 문 문 + 日 날 일

門(문 문)과 日(날 일)이 합쳐져, 문 사이 틈으로 햇빛이 비치는 것을 의미하는 間(사이 간)이 됩니다.

間					
사이 간					

03

閉 닫다 폐

門 문 문 + 才 재주 재

門(문 문)과 빗장을 의미하는 才(재주 재)가 합쳐져, 문을 닫기 위해 빗장을 채운다는 뜻의 閉(닫다 폐)가 됩니다.

閉					
닫다 폐					

실전 문제 다음 밑줄 친 **한자**를 **한글**로 바꿔 쓰세요.

01 문방구는 학교와 집의 <u>中間</u>에 있었다. (   )
공간이나 시간 따위의 가운데.

02 학교는 공사로 인해 일주일 동안 <u>閉校</u>가 결정되었다. (   )
학교 문을 닫고 수업을 중지하고 쉼.

03 나도 유명한 가수가 온다는 <u>所聞</u>을 들었다. (   )
사람들 입에 오르내려 전하여 들리는 말.

한자 익히고 활용하기

다음 내용을 읽고 아래에 있는 두 개의 한자를 조합하여 알맞은 한글과 한자를 쓰세요.

問	新	廢
묻다 **문**	새 **신**	폐하다 **폐**

聞	門	答
듣다 **문**	문 **문**	대답 **답**

01 강연이 끝난 후 저자와 ☐☐ 하는 시간을 가졌다.
물음과 대답.

☐☐ 한글 ⟶ 한자 ☐☐

02 아버지는 아침마다 ☐☐ 을 읽으며 하루를 시작한다.
정기적으로 세상에서 일어나는 새로운 일들을 알려 주는 간행물.

☐☐ 한글 ⟶ 한자 ☐☐

03 왼쪽 출입문은 ☐☐ 이니, 오른쪽 문으로 들어오세요.
쓰고 있던 문을 쓸 수 없도록 함.

☐☐ 한글 ⟶ 한자 ☐☐

9-5 사자성어로 배우는 삶의 지혜

사자성어는 어떤 상황이나 사람의 마음을 빗대어 표현한 것으로, 일상생활이나 글에 많이 사용됩니다.
다음 사자성어의 설명을 읽고, 각각의 한자와 뜻, 음을 따라 쓰면서 익히세요.

01 준비가 되어 있으면 걱정할 일이 없다는 뜻입니다. 평소 위기에 대비하여 철저하게 준비하면, 근심할 필요가 없다는 의미의 사자성어입니다.

유	비	무	환
有	備	無	患
있다	갖추다	없다	근심

02 여러 사람의 입을 막기는 어렵다는 뜻입니다. 많은 사람이 제각기 자신의 말만 하거나, 어떤 것을 합의하는 데 의견이 달라 소란스러운 상황을 가리키는 사자성어입니다.

중	구	난	방
衆	口	難	防
무리	입	어렵다	막다

연습하기 다음 사자성어의 한자와 뜻을 따라 쓰고 한글로 쓰세요.

有	備	無	患
있다	갖추다	없다	근심

衆	口	難	防
무리	입	어렵다	막다

03 적을 알고 나를 알아야 한다는 뜻입니다. 경쟁하는 대상의 약점과 강점, 그리고 자신에 대해 충분히 알아야 무엇이든 잘 할 수 있다는 내용의 사자성어입니다.

지	피	지	기
知	彼	知	己
알다	저쪽	알다	자기

04 한 조각의 붉은 마음이라는 뜻입니다. 여기서 붉은 마음은 정성스러운 마음을 의미합니다. 한결같이 변하지 않은 충성스러운 마음을 표현할 때 사용합니다.

일	편	단	심
一	片	丹	心
하나	조각	붉다	마음

연습하기 다음 사자성어의 한자와 뜻을 따라 쓰고 한글로 쓰세요.

知	彼	知	己
알다	저쪽	알다	자기

一	片	丹	心
하나	조각	붉다	마음

실전 문제 다음 내용을 읽고 알맞은 사자성어를 쓰세요.

01 정몽주는 임금을  으로 섬긴 충신이었다.

02 나중을 위해  의 자세로 돈을 저축해야 한다.

03 ☐☐☐☐ 면 백 번을 싸워도 이길 수 있다.

9-6 '자음 축약'과 '모음 축약' 이해하기

자음 축약 이해하기

낱말을 읽을 때 두 자음이 하나로 줄어서 소리 나는 것을 '자음 축약'이라고 합니다. 예를 들어, 자음 'ㄱ'과 'ㅎ'이 만나면 'ㅋ'로 줄어 소리가 납니다. '국화'의 경우, 앞말의 끝소리 'ㄱ'과 뒷말의 첫소리 'ㅎ'이 만나 'ㅋ'으로 소리가 나므로 [구콰]로 발음됩니다. 자음 축약은 발음에서만 일어나고 낱말의 형태는 바뀌지 않습니다.

쓰기	자음 축약	읽기
국화	ㄱ + ㅎ = ㅋ	[구콰]
좋고	ㅎ + ㄱ = ㅋ	[조코]
잡화	ㅂ + ㅎ = ㅍ	[자퐈]
맏형	ㄷ + ㅎ = ㅌ	[마텽]
좋다	ㅎ + ㄷ = ㅌ	[조타]
맞히다	ㅈ + ㅎ = ㅊ	[마치다]
좋지	ㅎ + ㅈ = ㅊ	[조치]

실전 문제 1 다음 밑줄 친 단어를 소리 나는 대로 쓰세요.

01 사슴은 사냥꾼에게 <u>잡혔다</u>. [   ]

02 연희는 중학교 <u>입학</u>을 앞두고 있다. [   ]

03 새 옷에 물감을 <u>묻히다</u>. [   ]

04 큰언니는 대학에서 <u>법학</u>을 전공했다. [   ]

05 나는 정직하지 않은 사람이 <u>싫다</u>. [   ]

모음 축약 이해하기

두 모음이 하나로 줄어서 소리 나는 것을 '모음 축약'이라고 합니다. 자음 축약과 달리 모음 축약은
발음과 형태 모두에서 일어납니다. 예를 들어 '보아'는 '봐'로, '주어'는 '줘'로 줄여 쓸 수 있습니다.

| 상황을 보아서 | ▶▶ | 상황을 봐서 |

| 가방을 주어서 | ▶▶ | 가방을 줘서 |

기본	모음 축약	축약
보이어	ㅣ + ㅓ = ㅕ	보여
뜨이다	ㅡ + ㅣ = ㅢ	띄다
맞추어	ㅜ + ㅓ = ㅝ	맞춰
되어서	ㅚ + ㅓ = ㅙ	돼서

실전 문제 2 다음 밑줄 친 단어를 줄여서 쓰세요.

01 갑자기 나타난 그 <u>아이</u>를 쳐다보았다.   (   )

02 할머니는 쉴 <u>사이</u> 없이 일만 하셨다.   (   )

03 화가 나면 눈에 <u>보이는</u> 것이 없다.   (   )

04 번데기는 일주일이 지나자 나비가 <u>되었다</u>.   (   )

05 이 비싼 선물을 누가 <u>주었니</u>?   (   )

맞춤법 • 어휘력 국어 실력 10단원

10-1 풍부한 표현을 위한 고유어 익히기

 고유어 익히고 활용하기 1

새물	미닫이	무녀리	마수걸이

01 문이나 창 따위를 옆으로 밀어서 여닫는 방식. ( )

02 새로 갓 나온 과일이나 생선 따위를 이르는 말. ( )

03 하루의 장사를 시작하면서 맨 처음으로 물건을 파는 일. ( )

04 함께 태어난 여러 마리 중에서 가장 먼저 나온 새끼. ( )

 고유어 익히고 활용하기 2

거푸집	덤불	멍에	똬리

01 어수선하게 엉클어진 수풀. ( )

02 녹인 금속을 부어 원하는 모양의 물건을 만드는 틀. ( )

03 짐을 머리에 일 때, 머리에 받치는 고리 모양의 물건. ( )

04 수레나 쟁기를 끌기 위하여 소나 말의 목에 얹는
구부러진 막대. ( )

고유어 익히고 활용하기 3

울레줄레	추근추근	토실토실	즈런즈런

01 귀찮게 자꾸 조르고 괴롭히는 모양. ( )

02 보기 좋을 정도로 살이 통통하게 찐 모양. ( )

03 크고 작은 사람들이 앞서거니 뒤서거니 뒤따르거나
늘어선 모양. ( )

04 살림살이가 넉넉하여 풍족한 모양. ( )

실전 문제 앞에서 배운 고유어를 이용하여 다음 빈칸을 채웁니다.

01 액체 상태로 녹인 금속을 ☐☐☐에 부은 다음 굳히면
칼이 완성된다.

02 무성한 나무 ☐☐ 사이를 헤치자 개울이 나타났다.

03 점심때가 되어서야 첫 손님이 와서 ☐☐☐☐를 했다.

04 이제는 제법 ☐☐☐☐ 살이 오른 얼굴이었다.

05 한밤중에 드르륵 ☐☐☐ 문을 여는 소리에 잠에서 깼다.

10-2 어휘력 키우는 비슷한 말과 반대말

 비슷한 말끼리 선 긋기 1

❶ 소견   ·   · ㄱ 세도

❷ 납득   ·   · ㄴ 견해

❸ 권세   ·   · ㄷ 수긍

❹ 수법   ·   · ㄹ 솜씨

 비슷한 말끼리 선 긋기 2

❶ 응석   ·   · ㄱ 암시

❷ 여운   ·   · ㄴ 어리광

❸ 언질   ·   · ㄷ 여파

❹ 도처   ·   · ㄹ 사방

 초성 퀴즈 1

01 논리적으로 타당하지 않은 거짓을 사실인 것처럼 꾸며서 주장하는 말.

예 그 사람의 주장은 논리적으로 맞지 않는 □□일 뿐이다.

ㄱ	변

02 축하해 주러 온 손님.

예 결혼식은 많은 □□의 축하 속에서 치러졌다.

ㅎ	ㄱ

03 연극, 영화, 운동 경기, 미술품 따위를 구경하는 손님.

예 이번 전시회는 가족 단위의 □□□들이 많이 찾았다.

ㄱ	ㄹ	객

04 나이가 같은 또래인 사람.

예 그 아이는 □□□ 아이들보다 서너 살은 더 들어 보였다.

동	ㄴ	ㅂ

반대말끼리 선 긋기 1

❶ 허위   · · ㄱ 사후

❷ 표면   · · ㄴ 진실

❸ 피폐   · · ㄷ 이면

❹ 생전   · · ㄹ 번성

 반대말끼리 선 긋기 2

❶ 헌신적   · · ㄱ 일시적

❷ 자주적   · · ㄴ 이기적

❸ 선천성   · · ㄷ 예속적

❹ 항구적   · · ㄹ 후천성

 초성 퀴즈 2

01 어떤 사실, 지식, 경험 등을 잊지 않고 생각해 내는 능력.
예) 동생은 □□□이 뛰어나 한 번 보고도 잘 기억한다.

ㄱ	ㅇ	ㄹ

02 태어나서 죽을 때까지 살아 있는 동안.
예) 주시경은 한글 연구에 □□을 바친 국어학자이다.

ㅇ	ㅅ

03 여러 갈래로 갈라진 길.
예) 저 아래 □□□에서 오른쪽으로 가면 마을이 나온다.

ㄱ	ㄹ	길

04 산과 산 사이에 움푹 패어 들어간 곳.
예) 산꼭대기에는 눈이 있지만, □□□의 눈은 다 녹았다.

ㄱ	짜	기

05 아픈 사람을 돌보아 주는 사람.
예) 바쁜 가족을 대신해 환자를 돌볼 □□□을 구했다.

간	ㅂ	ㅇ

10-3 신문 어휘로 독해력 키우기

독해력과 어휘력을 키우는 가장 좋은 방법은 신문을 읽는 것입니다. 하지만 신문에는 평소 사용하지 않는 어려운 낱말들이 많아 이해하기 어렵습니다. 정치, 경제, 환경 등의 신문 기사에서 접할 수 있는 다양한 어휘를 익히고, 활용해 보겠습니다.

 신문에 나오는 어휘 익히기

아래 설명과 예문을 읽고 알맞은 낱말을 찾아 쓰세요. 해당 낱말의 한자와 뜻을 통해 낱말을 좀 더 정확하게 익히세요.

대기	운행	관통	진일보

01 ☐☐

정하여진 길을 따라 차량 따위를 운전하여 다님.

例 검사에서 불합격한 차량은 시내 ☐☐을 금지한다.

運 옮기다 　**行** 다니다

02 ☐☐

지구를 둘러싸고 있는 기체(공기)의 층.

例 자동차 매연으로 인한 ☐☐오염이 심각하다.

大 크다 　**氣** 기운

03 ☐☐☐

한 걸음 더 나아감. 한 단계 더 높이 발전해 나아간다는 뜻.

例 이번 성공을 통해 우리 과학이 ☐☐☐ 했음을 증명했다.

進 나아가다 　**一** 하나 　**步** 걸음

04 ☐☐

한쪽에서 다른 한쪽으로 꿰뚫어서 통과함.

例 산을 ☐☐하는 터널을 만들면 이동 시간이 줄어들 것이다.

貫 꿰다 　**通** 통하다

천연	도심	노선

05 ☐☐

도시의 중심부.

예 ☐☐은 언제나 많은 사람과 차로 복잡하다.

都	心
도읍	마음

06 ☐☐

버스, 기차, 비행기 등이 정기적으로 오가는 일정한 두 지점 사이의 정해진 길.

예 학교 앞을 지나는 새로운 버스 ☐☐이 생겼다.

路	線
길	줄

07 ☐☐

사람의 힘을 가하지 않은 자연 그대로의 상태.

예 버섯과 멸치로 만든 ☐☐ 조미료를 쓰고 있다.

天	然
하늘	그러하다

 알맞은 낱말 넣어 신문 기사 완성하기

앞에서 배운 어휘를 활용하여 다음 신문 기사를 완성하세요.

△△신문

20△△년 △월 창간 　　　　　　NEWSPAPER　　　　　　경기도 꿈씨앗동 123-4567

서울에 친환경 전기 버스가 뜬다

서울시는 15일부터 서울 도심을 (　　　　　)하는 △△△번 노선 차량을 전기 버스로 바꿔 (　　　　　)한다고 밝혔다. 이제 서울 도심에서 전기 시내버스를 만날 수 있게 되었다. 전기 버스는 (　　　　　)오염 물질이 발생하지 않아 천연가스 버스보다 (　　　　　)한 친환경 교통수단으로 평가받는다.

10-4 한자 원리로 쉽게 배우기

貝(조개 패)는 과거에 돈으로 사용한 조개의 모양을 본떠 만든 한자입니다. 옛날에는 조개가 화폐로 사용되었습니다. 그래서 돈과 관련된 한자에 '貝(조개 패)'가 들어가는 경우가 많습니다.

貝
조개 **패**

01

財 재물 재

貝 조개 패 + **才** 재주 재

貝(조개 패)와 才(재주 재)가 합쳐져, 돈을 모으는 재주가 뛰어나다는 뜻의 財(재물 재)가 됩니다.

財 재물 재				

02

貧 가난하다 빈

分 나누다 분 + **貝** 조개 패

分(나누다 분)과 貝(조개 패)가 합쳐져, 여러 사람이 돈을 나누어 가져 가난해진다는 뜻의 貧(가난하다 빈)이 됩니다.

貧 가난하다 빈				

03

買 사다 매

罒 그물 망 + **貝** 조개 패

罒(그물 망)과 貝(조개 패)가 합쳐져, 물건을 사기 위해 그물로 조개를 잡는다는 뜻의 買(사다 매)가 됩니다.

買 사다 매				

실전 문제 다음 밑줄 친 **한자**를 **한글**로 바꿔 쓰세요.

01 할머니께서는 전 <u>財産</u>을 기부하여 학교를 세우셨다. (   )
개인이나 단체가 가지고 있는 돈 또는 돈으로 바꿀 수 있는 것.

02 부자에게 많은 세금을 거둬 <u>貧富</u>의 격차를 줄여야 한다. (   )
가난함과 부유함.

03 겨울에는 아파트의 <u>賣買</u>가 거의 이루어지지 않는다. (   )
물건을 팔고 사는 일.

한자 익히고 활용하기

다음 내용을 읽고 아래에 있는 두 개의 한자를 조합하여 알맞은 한글과 한자를 쓰세요.

貯	豫	賞
쌓다 **저**	미리 **예**	상주다 **상**
金	買	蓄
쇠 **금**	사다 **매**	모으다 **축**

01 용돈을 모으기 위해 은행에 ☐☐했다.

절약하여 모아 둠.

☐☐ 한글 ⟶ 한자 ☐☐

02 우승자에게는 20만 원의 ☐☐이 수여된다.

선행이나 업적에 대하여 격려하기 위하여 주는 돈.

☐☐ 한글 ⟶ 한자 ☐☐

03 공연 정보가 뜨자마자 티켓을 ☐☐했다.

물건을 받기 전에 미리 값을 치르고 사 둠.

☐☐ 한글 ⟶ 한자 ☐☐

10-5 사자성어로 배우는 삶의 지혜

사자성어는 어떤 상황이나 사람의 마음을 빗대어 표현한 것으로, 일상생활이나 글에 많이 사용됩니다.
다음 사자성어의 설명을 읽고, 각각의 한자와 뜻, 음을 따라 쓰면서 익히세요.

01 탁자 위에서 하는 헛된 논의를 뜻합니다. 실제 현실에 대해서는 전혀 모르면서, 책상에 앉아 실천하기 어렵거나 현실과 동떨어진 회의만 하는 경우를 말하는 사자성어입니다.

탁	상	공	론
卓	上	空	論
탁자	위	헛되다	논하다

02 한 마디의 쇠붙이로 사람을 죽일 수 있다는 뜻입니다. 진짜 사람을 해치는 것이 아니라, 말로 상대방의 약점이나 허점을 찌르는 것을 말합니다.

촌	철	살	인
寸	鐵	殺	人
마디	쇠	죽이다	사람

연습하기 다음 사자성어의 한자와 뜻을 따라 쓰고 한글로 쓰세요.

卓	上	空	論	寸	鐵	殺	人
탁자	위	헛되다	논하다	마디	쇠	죽이다	사람

03 학처럼 목을 길게 빼고 기다린다는 뜻입니다. 어떤 사람을 애타게 기다리거나, 어떤 일이 성사되기를 간절히 기대할 때 사용하는 사자성어입니다.

학	수	고	대
鶴	首	苦	待
학	머리	애쓰다	기다리다

04 거침없이 넓고 큰 기운을 뜻합니다. 하늘과 땅 사이를 가득 채우는 큰 기운으로, 넓은 세상을 향해 큰 꿈을 키우는 마음을 표현할 때 사용하는 사자성어입니다.

호	연	지	기
浩	然	之	氣
넓다	그러하다	~의	기운

연습하기 다음 사자성어의 한자와 뜻을 따라 쓰고 한글로 쓰세요.

鶴	首	苦	待
학	머리	애쓰다	기다리다

浩	然	之	氣
넓다	그러하다	~의	기운

실전 문제 다음 내용을 읽고 알맞은 사자성어를 쓰세요.

01 맹자는 [   ][   ][   ][   ]를 기르려면 항상 의로운 일을 행하라고 했다.

02 어머니는 아들이 합격하기를 [   ][   ][   ][   ]하고 있다.

03 더는 [   ][   ][   ][   ]하지 말고 현실적 방법을 찾아보자.

10-6 사이시옷 현상 완벽하게 이해하기

두 낱말이 합쳐져 하나의 낱말이 되는 과정에서, 발음을 쉽게 하기 위해 '사이시옷'을 넣는 경우가 있습니다. 지금부터 사이시옷이 들어가는 경우와 들어가지 않는 경우에 대해 배워 보겠습니다.

 뒷말이 세게 소리 나면 사이시옷 쓰기

두 낱말이 합쳐질 때 뒷말의 첫소리가 된소리나 거센소리로 발음되면 사이시옷을 넣습니다. 예를 들어, '초'와 '불'이 합쳐진 '촛불'은 [초뿔]로 소리 납니다. 뒷말인 '불'이 된소리인 [뿔]로 소리 나므로 사이시옷을 넣습니다. '등교'와 '길'이 합쳐진 '등굣길'은 [등교낄]로 소리 납니다. 즉, 뒷말인 '길'이 된소리인 [낄]로 발음되므로 사이시옷을 넣습니다.

초 + 불 = 촛불 [초뿔]	등교 + 길 = 등굣길 [등교낄]

예사소리	된소리	예사소리	거센소리
ㄱ	ㄲ	ㄱ	ㅋ
ㄷ	ㄸ	ㄷ	ㅌ
ㅂ	ㅃ	ㅂ	ㅍ
ㅅ	ㅆ	ㅅ	ㅊ
ㅈ	ㅉ		

 사이시옷을 쓰지 않는 경우

● **앞말에 받침이 있는 경우**

뒷말이 된소리나 거센소리로 발음되어도, 앞말에 받침이 있는 경우는 사이시옷을 쓰지 않습니다. 예를 들어, '밤'과 '길'이 합쳐진 '밤길'의 경우 [밤낄]로 소리 납니다. 앞말에 받침 'ㅁ'이 있으므로 사이시옷을 넣을 필요가 없습니다.

등 + 불 = 등불 [등뿔]	손 + 등 = 손등 [손뜽]

● 뒷말이 된소리(거센소리)로 시작하는 경우

뒷말의 첫소리가 된소리나 거센소리로 시작하는 경우에는 사이시옷을 넣지 않습니다.

위 + 쪽 = 위쪽 (윗쪽X)

뒤 + 처리 = 뒤처리 (뒷처리X)

● 한자어로만 만들어진 합성어인 경우

사이시옷은 순우리말이 포함된 합성어에만 쓸 수 있습니다. 한자어로만 구성된 합성어에는 사이시옷을 쓰지 않습니다. 예를 들어, '동지+죽'으로 이루어진 '동지죽'에서 뒷말 '죽'은 [쭉]이라는 된소리로 소리 납니다. 하지만 '동지'와 '죽' 모두 한자어이므로 사이시옷을 넣지 않습니다.

동지 + 죽 = 동지죽 [동지쭉]
冬至   粥

전세 + 방 = 전세방 [전세빵]
傳貰   房

한자어로 구성된 합성어이지만 사이시옷이 표기되는 예외적인 경우가 있습니다. 아래의 여섯 개만에만 사이시옷이 들어가므로 반드시 기억하기 바랍니다.

곳간(庫間)   셋방(貰房)   숫자(數字)
찻간(車間)   툇간(退間)   횟수(回數)

실전 문제 두 낱말이 합쳐진 합성어를 쓰세요.

01 배 + 사공 = (   )   02 나무 + 잎 = (   )

03 노래 + 말 = (   )   04 하교 + 길 = (   )

05 나무 + 꾼 = (   )   06 반디 + 불 = (   )

07 하루 + 밤 = (   )   08 전세 + 집 = (   )

memo

Foreign Copyright:
Joonwon Lee
Address: 3F, 127, Yanghwa-ro, Mapo-gu, Seoul, Republic of Korea
          3rd Floor
Telephone: 82-2-3142-4151
E-mail: jwlee@cyber.co.kr

매일 스스로 공부하는
맞춤법 어휘력 6단계

2019. 3. 12. 1판 1쇄 발행
2021. 11. 2. 1판 2쇄 발행

지은이 | 꿈씨앗연구소
펴낸이 | 이종춘
펴낸곳 | BM ㈜도서출판 성안당

주소 | 04032 서울시 마포구 양화로 127 첨단빌딩 3층(출판기획 R&D 센터)
      | 10881 경기도 파주시 문발로 112 파주 출판 문화도시(제작 및 물류)
전화 | 02) 3142-0036
      | 031) 950-6300
팩스 | 031) 955-0510
등록 | 1973. 2. 1. 제406-2005-000046호
출판사 홈페이지 | www.cyber.co.kr
ISBN | 978-89-315-8776-0 (64710)
정가 | 13,000원

이 책을 만든 사람들
책임 | 최옥현
기획 · 진행 | 전수경, 정지현
교정 · 교열 | 박정희
표지 · 본문 디자인 | 상:想 company, 임진영
홍보 | 김계향, 유미나, 서세원
국제부 | 이선민, 조혜란, 권수경
마케팅 | 구본철, 차정욱, 나진호, 이동후, 강호묵
마케팅 지원 | 장상범, 박지연
제작 | 김유석

www.cyber.co.kr
성안당 Web 사이트

■ 도서 A/S 안내

성안당에서 발행하는 모든 도서는 저자와 출판사, 그리고 독자가 함께 만들어 나갑니다.
좋은 책을 펴내기 위해 많은 노력을 기울이고 있습니다. 혹시라도 내용상의 오류나 오탈자 등이
발견되면 "좋은 책은 나라의 보배"로서 우리 모두가 함께 만들어 간다는 마음으로 연락주시기
바랍니다. 수정 보완하여 더 나은 책이 되도록 최선을 다하겠습니다.
성안당은 늘 독자 여러분들의 소중한 의견을 기다리고 있습니다. 좋은 의견을 보내주시는 분께는
성안당 쇼핑몰의 포인트(3,000포인트)를 적립해 드립니다.
잘못 만들어진 책이나 부록 등이 파손된 경우에는 교환해 드립니다.

매일 스스로 공부하는

맞춤법 어휘력

6단계
초등 5학년 ~
예비 중학생

정답 및 해설

BM (주)도서출판 성안당

맞춤법
어휘력

6단계
초등 5학년~
예비 중학생

BM (주)도서출판 성안당

정답 및 해설

 1단원 14~25쪽

1-1 풍부한 표현을 위한 고유어 익히기

* 고유어 익히고 활용하기 1
01. 고명딸　　02. 뜨내기
03. 만무방　　04. 무지렁이

* 고유어 익히고 활용하기 2
01. 말괄량이　　02. 선머슴
03. 살붙이　　04. 외돌토리

* 고유어 익히고 활용하기 3
01. 어리바리　　02. 어빡자빡
03. 어살버살　　04. 어영부영

* 실전 문제
01. 어영부영　　02. 고명딸
03. 외돌토리　　04. 뜨내기
05. 살붙이

1-2 어휘력 키우는 비슷한 말과 반대말

* 비슷한 말끼리 선 긋기 1
❶ 찬연하다 ──── ㉠ 찬란하다
❷ 살갑다 ──── ㉡ 다정하다
❸ 섬뜩하다 ╳ ㉢ 더하다
❹ 보태다 ╳ ㉣ 무섭다

* 비슷한 말끼리 선 긋기 2
❶ 극진하다 ╳ ㉠ 영글다
❷ 여물다 ╳ ㉡ 조악하다
❸ 조잡하다 ╳ ㉢ 노련하다
❹ 원숙하다 ╳ ㉣ 융숭하다

* 초성 퀴즈 1
01. 승부욕　　02. 부활
03. 유언비어　　04. 포옹

* 반대말끼리 선 긋기 1
❶ 순행하다 ╳ ㉠ 옹졸하다
❷ 신임하다 ╳ ㉡ 역행하다
❸ 악화되다 ╳ ㉢ 불신하다
❹ 대범하다 ╳ ㉣ 호전되다

* 반대말끼리 선 긋기 2
❶ 성대한 ╳ ㉠ 고답적
❷ 세속적 ╳ ㉡ 곧잘
❸ 우호적 ╳ ㉢ 적대적
❹ 이따금 ╳ ㉣ 간소한

* 초성 퀴즈 2
01. 말버릇　　02. 미완성
03. 변호사　　04. 실마리
05. 일사병

1-3 신문 어휘로 독해력 키우기

* 신문에 나오는 어휘 익히기

01. 수뇌부 02. 논란
03. 연루 04. 관건
05. 직권 06. 남용
07. 촉구

* 알맞은 낱말 넣어 신문 기사 완성하기

공정성 문제에 휘말린 특별재판부 도입

특별재판부 도입 (논란)의 핵심이 △△△ △ 사건 재판의 공정성 우려에 있었던 만큼 재판부로선 심적 부담을 안을 수밖에 없다. 전직 사법부 (수뇌부)가 (연루)된 사건이라 재판부가 재판 절차나 판단에서 공정성에 대한 의심을 얼마나 해소할 수 있느냐가 (관건)이다.

1-4 한자 원리로 쉽게 배우기

* 실전 문제

01. 성명
02. 중매
03. 호감

> 해설
>
> 01. 성명 : 姓(성씨 성) + 名(이름 명)
> 02. 중매 : 仲(버금 중) + 媒(중매 매)
> 03. 호감 : 好(좋다 호) + 感(느끼다 감)

* 한자 익히고 활용하기

01. 효 녀 ⟶ 孝 女

02. 남 녀 ⟶ 男 女

03. 해 녀 ⟶ 海 女

04. 자 녀 ⟶ 子 女

1-5 사자성어로 배우는 삶의 지혜

* 실전 문제

01. 교언영색
02. 난형난제
03. 각골난망

1-6 낱말 분류하고 특징 이해하기 1

* 실전 문제

01. 신발 02. 과일
03. 직업 04. 꽃

> 해설
>
> 01. 운동화, 구두, 등산화를 포함하는 상의어는 '신발'입니다.
> 02. 수박, 딸기, 사과를 포함하는 상의어는 '과일'입니다.
> 03. 의사, 선생님, 가수를 포함하는 상의어는 '직업'입니다.
> 하지만 의사도 소아과 의사, 내과 의사, 외과 의사 등으로 나뉠 때는 상의어가 됩니다. 선생님도 초등 선생님, 중등 선생님, 고등 선생님으로 나뉠 때는 상의어가 됩니다. 이처럼 상황에 따라 하의어는 상의어가 되고, 상의어는 하의어가 될 수 있습니다.

2단원 26~37쪽

2-1 풍부한 표현을 위한 고유어 익히기

* 고유어 익히고 활용하기 1
01. 품앗이　　02. 천둥벌거숭이
03. 자리끼　　04. 풋내기

* 고유어 익히고 활용하기 2
01. 여리꾼　　02. 볼모
03. 소꿉동무　　04. 슬기주머니

* 고유어 익히고 활용하기 3
01. 어우렁더우렁　02. 고시랑고시랑
03. 그렁그렁　　04. 꾸물꾸물

* 실전 문제
01. 꾸물꾸물　　02. 소꿉동무
03. 볼모　　04. 자리끼
05. 품앗이

2-2 어휘력 키우는 비슷한 말과 반대말

* 비슷한 말끼리 선 긋기 1

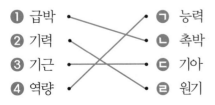

* 비슷한 말끼리 선 긋기 2

❶ 급박　　　㉠ 능력
❷ 기력　　　㉡ 촉박
❸ 기근　　　㉢ 기아
❹ 역량　　　㉣ 원기

* 초성 퀴즈 1
01. 호소문　　02. 일교차
03. 어릿광대　　04. 수심

* 반대말끼리 선 긋기 1

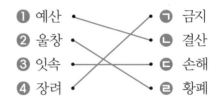

* 반대말끼리 선 긋기 2

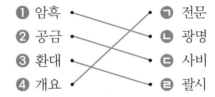

* 초성 퀴즈 2
01. 음치　　02. 잡초
03. 대사관　　04. 잡식
05. 수명

2-3 신문 어휘로 독해력 키우기

* 신문에 나오는 어휘 익히기
01. 원유　　02. 여파
03. 하향　　04. 유예
05. 매장　　06. 채굴
07. 폐쇄

국제 유가 급락으로 펀드 업계 울상

최근 국제 유가 급락의 (여파)로 (원유)
에 투자하는 펀드 투자자들이 울상을 짓고
있다. 국제 유가 하락의 원인으로는 미국의
이란 제재 (유예) 발표에 따른 공급 증가
기대감, 석유수출국기구(OPEC)의 내년 수
요 예상치 (하향) 조정, 미국의 원유 재고
량 증가 등이 꼽힌다.

2-4 한자 원리로 쉽게 배우기

* 실전 문제

01. 다독

02. 이사

03. 익명

해설

01. 다독 : 多(많다 다) + 讀(읽다 독)
02. 이사 : 移(옮기다 이) + 徙(옮기다 사)
03. 익명 : 匿(숨기다 익) + 名(이름 명)

* 한자 익히고 활용하기

01. | 추 | 락 | ⟶ | 墜 | 落 |

02. | 하 | 락 | ⟶ | 下 | 落 |

03. | 탈 | 락 | ⟶ | 脫 | 落 |

2-5 사자성어로 배우는 삶의 지혜

* 실전 문제

01. 삼고초려

02. 마이동풍

03. 반포지효

2-6 낱말 분류하고 특징 이해하기 2

* 실전 문제

01. 동음이의어   02. 다의어

03. 다의어   04. 동음이의어

05. 동음이의어

해설

01. '다리에 쥐가 났다'에서의 '다리'는 사람이
나 동물의 신체 일부분을 의미하고, '다리만 건
너면'에서의 '다리'는 물을 건너거나 다른 편의
높은 곳으로 건너다닐 수 있도록 만든 시설물
을 의미합니다. 즉 '다리'라는 글자의 모양은 같
지만 뜻은 전혀 다르므로 '동음이의어'입니다.
02. '손이 텄다'에서의 '손'은 사람의 팔목 끝에
달린 신체 부분을 의미하고, '손이 커서'에서의
'손'은 '씀씀이'를 의미합니다. 즉 같은 낱말이
여러 의미로 쓰인 것이므로 '다의어'입니다.
05. '세어'의 기본형은 모두 '세다'입니다. '세어
버렸다'에서의 '세어'는 머리털이 하얗게 되는
것을 말하고, '세어 보았다'에서의 '세어'는 사
물의 수효를 하나씩 헤아리는 것을 의미합니
다. 모양은 같지만 뜻은 전혀 관련 없는 '동음
이의어'입니다.

3단원   38~49쪽

3-1 풍부한 표현을 위한 고유어 익히기

＊ 고유어 익히고 활용하기 1

01. 넋두리   02. 넌더리
03. 너스레   04. 덤터기

＊ 고유어 익히고 활용하기 2

01. 돌림턱   02. 뒷배
03. 아람치   04. 앞가림

＊ 고유어 익히고 활용하기 3

01. 얼기설기   02. 줄레줄레
03. 차츰차츰   04. 콩팥칠팔

＊ 실전 문제

01. 덤터기   02. 뒷배
03. 앞가림   04. 얼기설기
05. 넋두리

3-2 어휘력 키우는 비슷한 말과 반대말

＊ 비슷한 말끼리 선 긋기 1

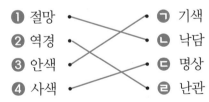

＊ 비슷한 말끼리 선 긋기 2

＊ 초성 퀴즈 1

01. 확성기   02. 현상금
03. 저작권   04. 화물선

＊ 반대말끼리 선 긋기 1

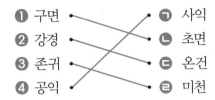

＊ 반대말끼리 선 긋기 2

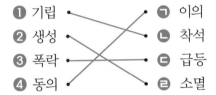

＊ 초성 퀴즈 2

01. 수제자   02. 수평선
03. 숫기   04. 애국선열
05. 현기증

3-3 신문 어휘로 독해력 키우기

＊ 신문에 나오는 어휘 익히기

01. 융합   02. 출제
03. 난도   04. 변수
05. 변별   06. 배점
07. 검증

수능 국어 점수가 합격을 가른다

최근 몇 년 동안 대학수학능력시험의 국어가 어렵게 (출제)되는 경향을 보여 왔다. 특히 소설·시나리오가 함께 등장한 복합 지문과 과학·철학이 (융합)된 지문의 경우 수험생들이 문제를 푸는 데 애를 먹었을 것이라는 분석이다. 이에 따라 국어 성적이 정시에서 핵심 (변수)로 떠오를 가능성이 크다. 또 영어 영역도 지난해와 비슷하거나 약간 어렵게 출제됐고, 수학은 지난해 수능과 비슷한 (난도)였다.

3-4 한자 원리로 쉽게 배우기

* 실전 문제
01. 폭염
02. 화재
03. 면담

> **해설**
> 01. 폭염 : 暴(사납다 폭) + 炎(불꽃 염)
> 02. 화재 : 火(불 화) + 災(재앙 재)
> 03. 면담 : 面(얼굴 면) + 談(말씀 담)

* 한자 익히고 활용하기

01. 화 산 → 火 山
02. 진 화 → 鎭 火
03. 분 화 → 噴 火
04. 화 력 → 火 力

3-5 사자성어로 배우는 삶의 지혜

* 실전 문제
01. 심사숙고
02. 선견지명
03. 악전고투

3-6 낱말의 짜임 이해하기

* 실전 문제 1
01. 풋   02. 헛

* 실전 문제 2
01. [밥] + [그릇] 합성어
02. [밤] + [하늘] 합성어
03. [맨] + [바닥] 파생어
04. [겨울] + [철] 파생어
05. [물] + [통]   합성어

> **해설**
> 01. '밥그릇'은 '밥'과 '그릇'이라는 두 개의 어근이 결합한 합성어입니다.
> 02. '밤하늘'은 '밤'과 '하늘'이라는 두 개의 어근이 결합한 합성어입니다.
> 03. '맨바닥'은 어근 '바닥'과 혼자 쓰일 수 없는 접사 '맨'이 결합한 파생어입니다. '맨'은 다른 것이 없다는 뜻을 더하는 접사입니다.
> 04. '겨울철'은 어근 '겨울'과 혼자 쓰일 수 없는 접사 '철'이 결합한 파생어입니다. '철'은 한 해 가운데서 어떤 일을 하기에 좋은 시기나 때를 의미하는 접사입니다.

4단원 50~61쪽

4-1 풍부한 표현을 위한 고유어 익히기

＊ 고유어 익히고 활용하기 1
01. 뒷심
02. 아귀다툼
03. 입방아
04. 응어리

＊ 고유어 익히고 활용하기 2
01. 엄두
02. 얼김
03. 댓바람
04. 하소연

＊ 고유어 익히고 활용하기 3
01. 고즈넉이
02. *끄물끄물*
03. 시난고난
04. 안다미로

＊ 실전 문제
01. 안다미로
02. 하소연
03. 엄두
04. 입방아
05. 뒷심

4-2 어휘력 키우는 비슷한 말과 반대말

＊ 비슷한 말끼리 선 긋기 1

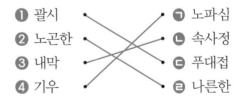

＊ 비슷한 말끼리 선 긋기 2

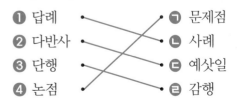

＊ 초성 퀴즈 1
01. 패륜아
02. 자작곡
03. 숭늉
04. 역공

＊ 반대말끼리 선 긋기 1

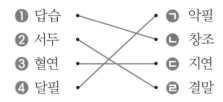

＊ 반대말끼리 선 긋기 2

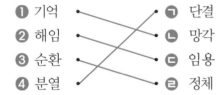

＊ 초성 퀴즈 2
01. 시루
02. 전망대
03. 환호성
04. 순찰
05. 수압

4-3 신문 어휘로 독해력 키우기

＊ 신문에 나오는 어휘 익히기
01. 제기
02. 주목
03. 송치
04. 횡령
05. 의혹
06. 혐의
07. 수사

* 알맞은 낱말 넣어 신문 기사 완성하기

수많은 의혹의 △△△ 회장 기소

사이버·형사 합동수사팀은 정보통신망 이용촉진 및 정보보호 등에 관한 법률 위반, 폭행, 강요 등 혐의를 받는 △△△ 회장을 기소 의견으로 이날 오전 9시 ▲▲지청에 (송치)할 예정이다. 확인된 폭행 혐의 외에 동물보호법 위반, 회삿돈 (횡령) 등 △ 회장 앞으로 (제기)된 수많은 의혹을 경찰이 얼마나 밝혔을지 (주목)된다.

4-4 한자 원리로 쉽게 배우기

* 실전 문제

01. 전답

02. 당번

03. 묘목

> 해설
>
> 01. 전답 : 田(밭 전) + 畓(논 답)
> 02. 당번 : 當(마땅 당) + 番(차례 번)
> 03. 묘목 : 苗(모 묘) + 木(나무 목)

* 한자 익히고 활용하기

01. | 시 | 간 | → | 時 | 間 |

02. | 입 | 춘 | → | 立 | 春 |

03. | 작 | 년 | → | 昨 | 年 |

4-5 사자성어로 배우는 삶의 지혜

* 실전 문제

01. 용호상박

02. 안하무인

03. 오매불망

4-6 품사의 종류 이해하기

* 실전 문제 1

01. 이 영화는 사랑과 우정에 관한 이야기다.

02. 나와 가장 친한 친구는 이정희이다.

03. 텔레비전을 켜기 위해 리모컨을 찾았다.

04. 너무 웃음을 참았더니 눈물까지 나왔다.

05. 이 선수는 대한민국의 자랑이다.

06. 그의 연설이 끝나자 환호성이 터져 나왔다.

* 실전 문제 2

01. (이분, 여기, 이것)

02. (그것, 그분, 거기)

03. (저것, 저분, 저기)

> 해설
>
> 사물을 대신하는 '지시 대명사'와 사람을 대신하는 '인칭 대명사'는 말하는 사람과 듣는 사람과의 상황에 맞게 사용해야 합니다.
> 01. 말하는 사람과 가까이 있는 사물을 대신할 때는 '이것', 장소를 대신할 때는 '여기', 사람을 대신할 때는 '이분'이 맞습니다.
> 02. 듣는 사람과 가까이 있는 사물을 대신할 때는 '그것', 장소를 대신할 때는 '그곳', 사람을 대신할 때는 '그분'이 맞습니다.
> 03. 말하는 사람과 듣는 사람 둘 모두에게 멀리 있는 사물을 대신할 때는 '저것', 장소를 대신할 때는 '저기', 사람을 대신할 때는 '저분'이 맞습니다.

5단원　62~73쪽

5-1 풍부한 표현을 위한 고유어 익히기

* 고유어 익히고 활용하기 1

01. 신명　　　02. 모르쇠

03. 몽니　　　04. 무턱

* 고유어 익히고 활용하기 2

01. 동아줄　　02. 두레박

03. 뒤웅박　　04. 땔감

* 고유어 익히고 활용하기 3

01. 군소리　　02. 단골소리

03. 밭은소리　04. 흰소리

* 실전 문제

01. 군소리　02. 두레박　　03. 모르쇠

04. 동아줄　05. 몽니

5-2 어휘력 키우는 비슷한 말과 반대말

* 비슷한 말끼리 선 긋기 1

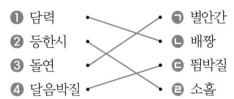

❶ 정평　　　　　㉠ 출장

❷ 핀잔　　　　　㉡ 평판

❸ 늘그막　　　　㉢ 꾸지람

❹ 파견　　　　　㉣ 말년

* 비슷한 말끼리 선 긋기 2

❶ 담력　　　　　㉠ 별안간

❷ 등한시　　　　㉡ 배짱

❸ 돌연　　　　　㉢ 뜀박질

❹ 달음박질　　　㉣ 소홀

* 초성 퀴즈 1

01. 족집게　　　02. 종착역

03. 편애　　　　04. 제초제

* 반대말끼리 선 긋기 1

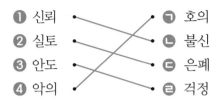

❶ 신뢰　　　　　㉠ 호의

❷ 실토　　　　　㉡ 불신

❸ 안도　　　　　㉢ 은폐

❹ 악의　　　　　㉣ 걱정

* 반대말끼리 선 긋기 2

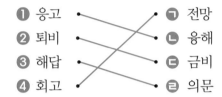

❶ 응고　　　　　㉠ 전망

❷ 퇴비　　　　　㉡ 융해

❸ 해답　　　　　㉢ 금비

❹ 회고　　　　　㉣ 의문

* 초성 퀴즈 2

01. 주춧돌　02. 중고품　03. 특산물

04. 이중고　05. 회고록

5-3 신문 어휘로 독해력 키우기

* 신문에 나오는 어휘 익히기

01. 완화　　　　02. 방안

03. 가속화　　　04. 접경지

05. 정찰　　　　06. 분계선

07. 한계선

* 알맞은 낱말 넣어 신문 기사 완성하기

> **남북 비행금지구역 추가 설정 추진**
>
> 국방부가 현재 육지의 군사분계선(MDL)을 기준으로 설정된 전투기, 정찰기 등 군 항공기 비행금지구역을 동·서해 북방한계선(NLL)과 한강 하구에도 추가로 설정하는 (방안)을 추진한다. 만약 이 방안이 북한과 최종 합의된다면 남북 간 (접경지) 전역이 비행금지구역으로 설정되는 것이어서 군사적 긴장 (완화)가 (가속화)할 전망이다.

5-4 한자 원리로 쉽게 배우기

＊ 실전 문제

01. 밀림　　02. 성과　　03. 본명

> **해설**
> 01. 밀림 : 密(빽빽하다 밀) + 林(수풀 림)
> 02. 성과 : 成(이루다 성) + 果(열매 과)
> 03. 본명 : 本(근본 본) + 名(이름 명)

＊ 한자 익히고 활용하기

01. 악 기 → 樂 器
02. 학 교 → 學 校
03. 휴 식 → 休 息

5-5 사자성어로 배우는 삶의 지혜

＊ 실전 문제

01. 절차탁마　02. 지란지교　03. 초지일관

5-6 '수사'와 '조사' 이해하기

＊ 실전 문제 1

01. 양수사 : 이십, 여덟, 팔십, 삼십오
02. 서수사 : 일곱째, 아홉째, 열째, 열둘째

＊ 실전 문제 2

01. 상자와
02. 준석이마저
03. 주말에는
04. 머리부터

6-1 풍부한 표현을 위한 고유어 익히기

＊ 고유어 익히고 활용하기 1

01. 개코쥐코　　02. 마수없이
03. 옹게옹게　　04. 엄벙덤벙

＊ 고유어 익히고 활용하기 2

01. 가납사니　　02. 희나리
03. 길라잡이　　04. 마중물

＊ 고유어 익히고 활용하기 3

01. 성에　　　　02. 북데기
03. 불티　　　　04. 비설거지

＊ 실전 문제

01. 성에　　02. 개코쥐코　03. 불티
04. 길라잡이　05. 북데기

6-2 어휘력 키우는 비슷한 말과 반대말

＊ 비슷한 말끼리 선 긋기 1

❶ 동절기 ─ ㄷ 겨울철
❷ 동정심 ─ ㄹ 연민
❸ 동맹 ─ ㄴ 연맹
❹ 선구자 ─ ㄱ 선각자

＊ 비슷한 말끼리 선 긋기 2

❶ 일년생 ─ ㄴ 한해살이
❷ 막일 ─ ㄷ 허드렛일
❸ 만반 ─ ㄹ 만전
❹ 득실 ─ ㄱ 손익

＊ 초성 퀴즈 1

01. 저축　　　　02. 적대감
03. 중개인　　　04. 적자

* 반대말끼리 선 긋기 1

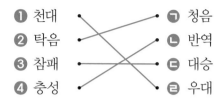

❶ 천대 ● ● ㉠ 청음
❷ 탁음 ● ● ㉡ 반역
❸ 참패 ● ● ㉢ 대승
❹ 충성 ● ● ㉣ 우대

* 반대말끼리 선 긋기 2

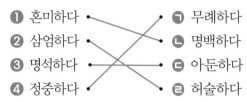

❶ 혼미하다 ● ● ㉠ 무례하다
❷ 삼엄하다 ● ● ㉡ 명백하다
❸ 명석하다 ● ● ㉢ 아둔하다
❹ 정중하다 ● ● ㉣ 허술하다

* 초성 퀴즈 2

01. 조리사   02. 바람개비   03. 증손자
04. 수수료   05. 직거래

6-3 신문 어휘로 독해력 키우기

* 신문에 나오는 어휘 익히기

01. 수위   02. 문구
03. 유발   04. 부착
05. 전자   06. 경고
07. 흡입

* 알맞은 낱말 넣어 신문 기사 완성하기

전자 담배에도 암 경고 사진 부착

다음 달 23일부터 전자 담배에 암 (유발)을 상징하는 경고 그림이 (부착)된다. 담뱃갑에 붙이는 경고 그림과 문구도 더 세진다. 특히 전자 담배에 대한 경고 그림 (수위)가 세진다. 현재 사용하고 있는 흑백 경고 그림을 컬러 사진으로 바꾸고, (문구)도 간결하고 명확하게 흡연의 위험을 알리는 방향으로 바뀐다.

6-4 한자 원리로 쉽게 배우기

* 실전 문제

01. 충고   02. 인내심   03. 상상

> **해설**
> 01. 충고 : 忠(충성 충) + 告(고하다 고)
> 02. 인내심 : 忍(참다 인) + 耐(견디다 내)
>   + 心(마음 심)
> 03. 상상 : 想(생각 상) + 像(모양 상)

* 한자 익히고 활용하기

01. 감 상 → 感 想
02. 성 품 → 性 品
03. 은 혜 → 恩 惠

6-5 사자성어로 배우는 삶의 지혜

* 실전 문제

01. 풍전등화   02. 침소봉대   03. 파죽지세

6-6 '동사'와 '형용사' 이해하기

* 실전 문제 1

01. 깎다   02. 그리다
03. 먹다   04. 가다

* 실전 문제 2

01. 짖다   (동사)
02. 짜다   (형용사)
03. 끓다   (동사)
04. 아프다 (형용사)

7단원 86~97쪽

7-1 풍부한 표현을 위한 고유어 익히기

* 고유어 익히고 활용하기 1

01. 부전부전
02. 살랑살랑
03. 새근발딱
04. 씨억씨억

* 고유어 익히고 활용하기 2

01. 아름드리
02. 보금자리
03. 꼽사리
04. 꾸러미

* 고유어 익히고 활용하기 3

01. 알음알음
02. 애벌
03. 추렴
04. 벌충

* 실전 문제

01. 알음알음
02. 꼽사리
03. 애벌
04. 아름드리
05. 추렴

7-2 어휘력 키우는 비슷한 말과 반대말

* 비슷한 말끼리 선 긋기 1

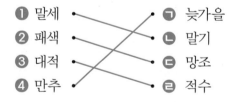

❶ 말세 — ㉢ 망조
❷ 패색 — ㉡ 말기
❸ 대적 — ㉣ 적수
❹ 만추 — ㉠ 늦가을

* 비슷한 말끼리 선 긋기 2

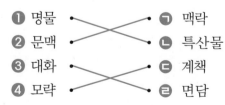

❶ 명물 — ㉡ 특산물
❷ 문맥 — ㉠ 맥락
❸ 대화 — ㉣ 면담
❹ 모략 — ㉢ 계책

* 초성 퀴즈 1

01. 진공
02. 진통제
03. 여비
04. 철로

* 반대말끼리 선 긋기 1

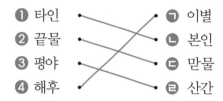

❶ 타인 — ㉡ 본인
❷ 끝물 — ㉢ 만물
❸ 평야 — ㉣ 산간
❹ 해후 — ㉠ 이별

* 반대말끼리 선 긋기 2

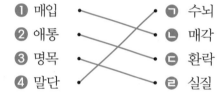

❶ 매입 — ㉡ 매각
❷ 애통 — ㉢ 환락
❸ 명목 — ㉣ 실질
❹ 말단 — ㉠ 수뇌

* 초성 퀴즈 2

01. 진수성찬
02. 채석장
03. 천문대
04. 참회록
05. 창의력

7-3 신문 어휘로 독해력 키우기

* 신문에 나오는 어휘 익히기

01. 타결
02. 이견
03. 표류
04. 난항
05. 방침
06. 사업
07. 근로

* 알맞은 낱말 넣어 신문 기사 완성하기

> **표류하는 ▲▲▲ 일자리 사업**
>
> 취업난 속에 많은 관심을 받았던 ▲▲▲ 일자리 사업이 계속 달라지는 조건 속에 (표류)하고 있다. ○○시는 △△ 회사와 협상하고 있지만 (난항)을 겪고 있다. 양측이 (이견)을 보이는 임금, 근로 시간, 경영 방침 등 조건이 바뀌지 않으면 (타결) 가능성은 희박하다는 관측이다.

7-4 한자 원리로 쉽게 배우기

* 실전 문제

01. 분담

02. 이익

03. 최초

> **해설**
>
> 01. 분담 : 分(나누다 분) + 擔(메다 담)
> 02. 이익 : 利(이롭다 이) + 益(더하다 익)
> 03. 최초 : 最(가장 최) + 初(처음 초)

* 한자 익히고 활용하기

01. | 법 | 칙 | → | 法 | 則 |

02. | 도 | 착 | → | 到 | 着 |

03. | 이 | 별 | → | 離 | 別 |

7-5 사자성어로 배우는 삶의 지혜

* 실전 문제

01. 환골탈태

02. 형설지공

03. 화룡점정

7-6 말의 기본이 되는 '음운'과 '음절'

* 실전 문제

01. 음운 : 5개

　　음절 : 2개

02. 음운 : 8개

　　음절 : 3개

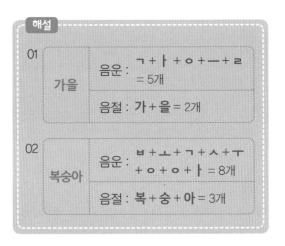

> **해설**
>
> | 01 | 가을 | 음운 : | ㄱ + ㅏ + ㅇ + ㅡ + ㄹ = 5개 |
> | | | 음절 : | 가 + 을 = 2개 |
> | 02 | 복숭아 | 음운 : | ㅂ + ㅗ + ㄱ + ㅅ + ㅜ + ㅇ + ㅇ + ㅏ = 8개 |
> | | | 음절 : | 복 + 숭 + 아 = 3개 |

8단원 98~109쪽

8-1 풍부한 표현을 위한 고유어 익히기

* 고유어 익히고 활용하기 1
01. 옹긋옹긋　　02. 싱숭생숭
03. 흘금흘금　　04. 애면글면

* 고유어 익히고 활용하기 2
01. 말귀　　　　02. 말눈치
03. 말막음　　　04. 말갈망

* 고유어 익히고 활용하기 3
01. 몰골　　　　02. 민낯
03. 겉치레　　　04. 다리품

* 실전 문제
01. 말귀　　　　02. 겉치레
03. 애면글면　　04. 말막음
05. 다리품

8-2 어휘력 키우는 비슷한 말과 반대말

* 비슷한 말끼리 선 긋기 1

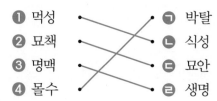

❶ 먹성　　ㄱ 박탈
❷ 묘책　　ㄴ 식성
❸ 명맥　　ㄷ 묘안
❹ 몰수　　ㄹ 생명

* 비슷한 말끼리 선 긋기 2

❶ 무뢰한 ──── ㄱ 불한당
❷ 몸부림 ──── ㄴ 발버둥
❸ 문명인 ──── ㄷ 몰경위
❹ 무분별 ──── ㄹ 문화인

* 초성 퀴즈 1
01. 선천적　　　02. 참정권
03. 철면피　　　04. 탈의실

* 반대말끼리 선 긋기 1

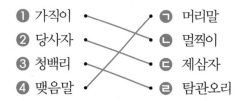

❶ 가직이　　ㄱ 머리말
❷ 당사자　　ㄴ 멀찍이
❸ 청백리　　ㄷ 제삼자
❹ 맺음말　　ㄹ 탐관오리

* 반대말끼리 선 긋기 2

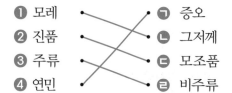

❶ 모레　　ㄱ 증오
❷ 진품　　ㄴ 그저께
❸ 주류　　ㄷ 모조품
❹ 연민　　ㄹ 비주류

* 초성 퀴즈 2
01. 촛대　　　　02. 초상화
03. 턱받이　　　04. 친필
05. 퇴비

8-3 신문 어휘로 독해력 키우기

* 신문에 나오는 어휘 익히기
01. 대응　　　　02. 파문
03. 대책　　　　04. 회계
05. 비리　　　　06. 피해
07. 발생

* 알맞은 낱말 넣어 신문 기사 완성하기

> 교육 비리에는 단호하게 대응
>
> □□□ 대통령은 29일 △△△△△ 비리
> (파문)과 관련, "만약 아이들에게 피해가
> 발생하는 상황이 벌어진다면 단호하게 (대
> 응)해 나가야 할 것"이라고 말했다. □ 대
> 통령은 "국가 재정이 지원되는 모든 교육
> 시설의 (회계)를 투명하게 하는 등의 근
> 본적인 (대책)을 마련해 주기를 바란다."
> 고 강조했다.

8-4 한자 원리로 쉽게 배우기

* 실전 문제

01. 성공

02. 한강

03. 홍차

> **해설**
>
> 01. 성공 : 成(이루다 성) + 功(공 공)
> 02. 한강 : 漢(한수 한) + 江(강 강)
> 03. 홍차 : 紅(붉다 홍) + 茶(차 차)

* 한자 익히고 활용하기

01. | 완 | 공 | → | 完 | 工 |

02. | 좌 | 우 | → | 左 | 右 |

03. | 화 | 석 | → | 化 | 石 |

8-5 사자성어로 배우는 삶의 지혜

* 실전 문제

01. 온고지신

02. 괄목상대

03. 동고동락

8-6 '구개음화'와 '자음동화' 이해하기

* 실전 문제 1

01. 구지   02. 마지

03. 거치자   04. 무치면

05. 삳싸치

* 실전 문제 2

01. 설랄   02. 달라라

03. 줄럼끼   04. 물로리

05. 할라산   06. 암문

> **해설**
>
> 01. '설날'의 뒤 음절인 '날'의 첫소리 'ㄴ'이 앞
> 음절인 '설'의 끝소리 'ㄹ'의 영향을 받아 [ㄹ]
> 로 바뀌어 [설:랄]로 소리 납니다.
> 05. '한라산'의 첫 음절인 '한'의 끝소리 'ㄴ'
> 이 뒤 음절인 '라'의 첫소리 'ㄹ'의 영향을 받아
> [ㄹ]로 바뀌어 [할:라산]으로 소리 납니다.
> 06. '앞문'의 첫 음절인 '앞'의 끝소리 'ㅍ'이 뒤
> 음절인 '문'의 첫소리 'ㅁ'의 영향을 받아 [ㅁ]
> 으로 바뀌어 [암문]으로 소리 납니다.

9단원   110~121쪽

9-1 풍부한 표현을 위한 고유어 익히기

* 고유어 익히고 활용하기 1

01. 억지   02. 사재기
03. 꼼수   04. 넉살

* 고유어 익히고 활용하기 2

01. 대들보   02. 토렴
03. 앙금   04. 수발

* 고유어 익히고 활용하기 3

01. 따따부따   02. 모람모람
03. 부리나케   04. 반둥반둥

* 실전 문제

01. 부리나케   02. 앙금
03. 억지   04. 사재기
05. 수발

9-2 어휘력 키우는 비슷한 말과 반대말

* 비슷한 말끼리 선 긋기 1

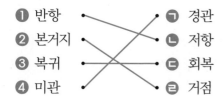

❶ 반항   ㉠ 경관
❷ 본거지   ㉡ 저항
❸ 복귀   ㉢ 회복
❹ 미관   ㉣ 거점

* 비슷한 말끼리 선 긋기 2

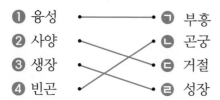

❶ 융성   ㉠ 부흥
❷ 사양   ㉡ 곤궁
❸ 생장   ㉢ 거절
❹ 빈곤   ㉣ 성장

* 초성 퀴즈 1

01. 콧김   02. 탈곡
03. 철조망   04. 터줏대감

* 반대말끼리 선 긋기 1

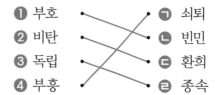

❶ 부호   ㉠ 쇠퇴
❷ 비탄   ㉡ 빈민
❸ 독립   ㉢ 환희
❹ 부흥   ㉣ 종속

* 반대말끼리 선 긋기 2

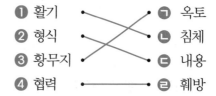

❶ 활기   ㉠ 옥토
❷ 형식   ㉡ 침체
❸ 황무지   ㉢ 내용
❹ 협력   ㉣ 훼방

* 초성 퀴즈 2

01. 전봇대   02. 제설차
03. 폐활량   04. 접착제
05. 국경일

9-3 신문 어휘로 독해력 키우기

* 신문에 나오는 어휘 익히기

01. 멸종   02. 수질
03. 개방   04. 생태계
05. 복원   06. 교란
07. 조성

* 알맞은 낱말 넣어 신문 기사 완성하기

닫혔던 보를 열자 살아나는 생태계

금강에 닫혀있던 보가 완전히 열리고 물이 막힘없이 흐르자 피라미가 늘고, 물새들은 떼를 지어 찾아왔다. 삵, 수달과 같은 (멸종) 위기 야생 생물도 돌아오고 있다. 환경부는 4대강 중 처음으로 금강의 모든 보를 완전히 (개방)한 결과 (수질)과 (생태계)에서 큰 변화를 확인했다고 15일 밝혔다.

9-4 한자 원리로 쉽게 배우기

* 실전 문제

01. 중간

02. 폐교

03. 소문

> **해설**
>
> 01. 중간 : 中(가운데 중) + 間(사이 간)
> 02. 폐교 : 閉(닫다 폐) + 校(학교 교)
> 03. 소문 : 所(바 소) + 聞(듣다 문)

* 한자 익히고 활용하기

01. | 문 | 답 | ⟶ | 問 | 答 |

02. | 신 | 문 | ⟶ | 新 | 聞 |

03. | 폐 | 문 | ⟶ | 廢 | 門 |

9-5 사자성어로 배우는 삶의 지혜

* 실전 문제

01. 일편단심

02. 유비무환

03. 지피지기

9-6 '자음 축약'과 '모음 축약'

* 실전 문제 1

01. 자펐다   02. 이팍

03. 무치다   04. 버팍

05. 실타

* 실전 문제 2

01. 애   02. 새

03. 뵈는   04. 됐다

05. 줬니

> **해설**
>
> 01. 아이 ▶ (ㅏ + ㅣ = ㅐ) ▶ 애
> 02. 사이 ▶ (ㅏ + ㅣ = ㅐ) ▶ 새
> 03. 보이는 ▶ (ㅗ + ㅣ = ㅚ) ▶ 뵈는
> 04. 되었다 ▶ (ㅚ + ㅣ = ㅙ) ▶ 됐다
> 05. 주웠니 ▶ (ㅜ + ㅓ = ㅝ) ▶ 줬니

10단원 122~133쪽

10-1 풍부한 표현을 위한 고유어 익히기

＊ 고유어 익히고 활용하기 1

01. 미닫이　　　02. 샛물

03. 마수걸이　　04. 무녀리

＊ 고유어 익히고 활용하기 2

01. 덤불　　　　02. 거푸집

03. 똬리　　　　04. 멍에

＊ 고유어 익히고 활용하기 3

01. 추근추근　　02. 토실토실

03. 올레줄레　　04. 즈런즈런

＊ 실전 문제

01. 거푸집　　　02. 덤불

03. 마수걸이　　04. 토실토실

05. 미닫이

10-2 어휘력 키우는 비슷한 말과 반대말

＊ 비슷한 말끼리 선 긋기 1

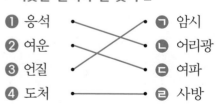

❶ 소견
❷ 납득
❸ 권세
❹ 수법

㉠ 세도
㉡ 견해
㉢ 수긍
㉣ 솜씨

＊ 비슷한 말끼리 선 긋기 2

❶ 응석
❷ 여운
❸ 언질
❹ 도처

㉠ 암시
㉡ 어리광
㉢ 여파
㉣ 사방

＊ 초성 퀴즈 1

01. 궤변　　　　02. 하객

03. 관람객　　　04. 동년배

＊ 반대말끼리 선 긋기 1

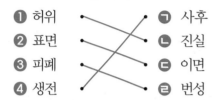

❶ 허위
❷ 표면
❸ 피폐
❹ 생전

㉠ 사후
㉡ 진실
㉢ 이면
㉣ 번성

＊ 반대말끼리 선 긋기 2

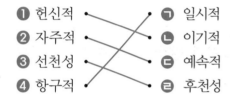

❶ 헌신적
❷ 자주적
❸ 선천성
❹ 항구적

㉠ 일시적
㉡ 이기적
㉢ 예속적
㉣ 후천성

＊ 초성 퀴즈 2

01. 기억력　　　02. 일생

03. 갈림길　　　04. 골짜기

05. 간병인

10-3 신문 어휘로 독해력 키우기

＊ 신문에 나오는 어휘 익히기

01. 운행　　　　02. 대기

03. 진일보　　　04. 관통

05. 도심　　　　06. 노선

07. 천연

> ## 서울에 친환경 전기 버스가 뜬다
>
> 서울시는 15일부터 서울 도심을 (관통) 하는 △△△번 노선 차량을 전기 버스로 바꿔 (운행)한다고 밝혔다. 이제 서울 도심에서 전기 시내버스를 만날 수 있게 되었다. 전기버스는 (대기)오염 물질이 발생하지 않아 천연가스 버스보다 (진일보) 한 친환경 교통수단으로 평가받는다.

10-4 한자 원리로 쉽게 배우기

* 실전 문제
01. 재산
02. 빈부
03. 매매

해설

01. 재산 : 財(재물 재) + 産(낳다 산)
02. 빈부 : 貧(가난하다 빈) + 富(부유하다 부)
03. 매매 : 賣(팔다 매) + 買(사다 매)
---

* 한자 익히고 활용하기

01. 저 축 ⟶ 貯 蓄
02. 상 금 ⟶ 賞 金
03. 예 매 ⟶ 豫 買

10-5 사자성어로 배우는 삶의 지혜

* 실전 문제
01. 호연지기
02. 학수고대
03. 탁상공론

10-6 사이시옷 현상 완벽하게 이해하기

* 실전 문제

01. 뱃사공　　　　02. 나뭇잎
03. 노랫말　　　　04. 하굣길
05. 나무꾼　　　　06. 반딧불
07. 하룻밤　　　　08. 전셋집

매일 스스로 공부하는

맞춤법 어휘력

정답 및 해설

BM Book Media Group

성안당은 선진화된 출판 및 영상교육 시스템을 구축하고
항상 연구하는 자세로 독자 앞에 다가갑니다.

매일 스스로 공부하는

맞춤법
어휘력